文章を読　項

■説明的文章を読む際は　次のような点に気をつけます。

1. 指示語・接続語

指示語…文脈上のある内容を指す言葉。

接続語…言葉と言葉、文と文、段落と段落などをつなぐ働きをする言葉。

指示語・接続語から文章の論理的なつながりをおさえ、内容について筋道を立てて読み取る。

2. 話題・要点

話題…説明的文章で中心として取り上げられている内容。

要点…各段落で中心として取り上げられている内容。

各段落の大事な内容を表す言葉(**キーワード**)や、内容をまとめた文(**キーセンテンス**)をとらえ、話題・要点をつかむ。

3. 段落の関係

各段落の役割(例が書かれた段落か、まとめが書かれた段落か、など)を考え、段落と段落がどのような関係でつながっているのかをとらえる。

段落の関係がわかったら、書かれている内容による大きなくくりを考える(**意味段落**)。

4. 要《よう》旨《し》

要旨…文章全体を通して、筆者が主張していること。

要旨をとらえるには、意味段落の中から全体のまとめとなる内容(**結論**)が書かれているのはどの段落かを考える。そして、その中で特に中心となる文(**中心文**)を探すとよい。

■文学的文章を読む際は、次のような点に気をつけます。

1. 場面・情景

場面…いつ・どこで・誰《だれ》が・どうしたかをとらえた、作品の舞台《ぶたい》や背景。

情景…文学的文章の中で描《えが》かれている、読み手の心を動かす場面や様子。

文学的文章は、「いつ(時)」「どこで(場所)」「誰が(登場人物)」「どうした(出来事)」をまずおさえて読むこと。

2. 言　動

「こぶしを握《にぎ》りしめた」「肩《かた》を落とした」など、登場人物の言動に、その心情が表れていることがある。

なお、同じような言動であっても、心情は同じとは限らない。登場人物や、そのときの状況《じょうきょう》に応じて読み取れる心情は異なるので、注意が必要である。

3. 心　情

心情…登場人物の気持ちや考え。

次のようなところに着目して、心情を読み取る。

・心情が直接表現されている言葉。

・登場人物の言動。　・情景描写《びょうしゃ》

出来事に対する登場人物の振《ふ》る舞《ま》いも手がかりにするとよい。

4. 主　題

主題…文章を通して作者が最も伝えようとしていること。

作品の中で特に盛り上がる場面(**クライマックス**)をおさえる。クライマックスを通して、登場人物が考えたことや感じたこと、発見などをとらえ、主題を読み取る。

1 説明文・論説文①

合格点 80点

得点　　点

解答 ➡ P.69

月　日

次の文章を読んで、あとの問いに答えなさい。

[1] 西欧《せいおう》世界においては、古代ギリシャ以来、「美」はある明確な秩序《ちつじょ》を持ったもののなかに表現されるという考え方が強い。その秩序とは、左右相称性《さゆうそうしょう》であったり、部分と全体との比例関係であったり、[A]基本的な幾何学《きかがく》形態との類縁性《るいえんせい》など、内容はさまざまであるが、いずれにしても客観的な原理に基づく秩序が美を生み出すという点においては一貫《いっかん》している。逆に言えば、そのような原理に基づいて作品を制作すれば、①それは「美」を表現したものとなる。

[2] 典型的な例は、現在でもしばしば話題となる八頭身の美学であろう。人間の頭部と身長が一対八の比例関係にあるとき最も美しいという考え方は、紀元前四世紀のギリシャにおいて成立した美の原理である。ギリシャ人たちは、このような原理を「カノン（規準）」と呼んだ。「カノン」の中身は場合によっては変わり得る。現に紀元前五世紀においては、優美な八頭身よりも荘重《そうちょう》な七頭身が規準とされた。だが七頭身にせよ八頭身にせよ、②何かある原理が美を生み出すという思想は変わらない。ギリシャ彫刻《ちょうこく》の持つ魅力《みりょく》は、この美学に由来するところが大きい。

[3] もっとも、この時期の彫刻作品はほとんど失われてしまって残っていない。残されたのは大部分ローマ時代のコピーである。しかししばしば不完全なそれらの模刻作品を通して、かなりの程度まで原作の姿をうかがうことができるのは、美の原理である「カノン」がそこに実現されているからにほかならない。原理に基づいて制作されている以上、彫刻作品そのものがまさしく「美」を表すものとなるのである。

[4] だがこのような[B]という考え方は、日本人の美意識のなかではそれほど大きな場所を占《し》めているようには思われない。日本人は、遠い昔から、何が美であるかということよりも、むしろどのような場合に美が生まれるか

ということにその感性を働かせて来たようである。それは「実体の美」に対して、「状況の美」とでも呼んだらよいであろうか。

（高階秀爾《たかしなしゅうじ》「日本人にとって美しさとは何か」）

(1) [A]に入る言葉として最も適切なものを次から選び、記号で答えなさい。（20点）

ア あるいは　イ すなわち　ウ むしろ　エ だから

［　　］

(2) ——線①「それ」とありますが、何を指しますか。二十字以内で書きなさい。（20点）

(3) ——線②「何かある原理が美を生み出すという思想」とありますが、筆者はこの思想による美をどう表していますか。それを示す言葉を文中から四字で抜《ぬ》き出しなさい。（20点）

(4) [B]に入る言葉として最も適切なものを次から選び、記号で答えなさい。（20点）

ア ギリシャ美術を至上とする
イ 実体物として美を捉《とら》える
ウ 本物よりもコピーが美しい
エ 美は曖昧《あいまい》で感覚的なもの

［　　］

(5) この文章の段落の関係を説明したものとして最も適切なものを次から選び、記号で答えなさい。（20点）

ア [2]段落は、[1]段落で述べた事実を否定している。
イ [3]段落は、[2]段落で挙げた例の補足説明をしている。
ウ [3]段落は、[1][2]段落で述べた説の問題点を指摘《してき》している。
エ [4]段落は、[3]段落の内容とは対照的な例を示している。

［　　］

〔栃木—改〕

2 説明文・論説文②

合格点 80点
得点　　点
月　日
解答 ➡ P.69

次の文章を読んで、あとの問いに答えなさい。

言葉遣《づか》いも大事ですが、もっと大切なのは、心です。いくら「〜でございますわよ」などと丁寧《ていねい》な言葉を使っても、つっけんどんな言い方をしたら、冷たい言葉として響《ひび》きます。

逆に、たとえ少々言い回しが間違《まちが》っていても、思いやりに満ちた言い方ならば、相手の心に温かく届くものになるでしょう。

言葉以前に、相手にどのような心で対するか、その気遣いや姿勢を見つめ直すことが、①良い言葉遣いを生み出します。

確かに、言葉が伝えるものは情報です。しかし、言葉は単に情報が通じればいいというものではありません。〝互《たが》いに気持ちよく言葉を交わすことができるようにしよう〟――最近、そういう気持ちが薄《うす》れ、②ぞんざいな言い方をしても、まったく悪いと思っていない人を見掛《みか》けますが、とても悲しくなります。言葉遣いに配慮《はいりょ》することは、相手を思いやる気遣いから生まれます。言葉は「形」ですが、その元にある心遣いが、重要なのです。

適切な言葉遣いができる「③会話の達人」になるためには、やはり努力の積み重ねが必要です。その第一歩は、言葉遣いに意識的になること。自分の言葉はもちろんのこと、他人の言葉遣い、書物やメディアなどに出てくる表現も意識することです。そして、特に人とやりとりする中から大いに学び、改善すべきところは改善し、分からないことは辞書などで調べるなどして、言葉遣いを磨《みが》くことです。

言葉遣いを良くするためには、やはり敬語の使い方がポイントになります。敬語といっても、丁寧語、尊敬語、謙譲《けんじょう》語、また丁重語、美化語という分類もあり、使い方のルールや仕組みがあります。これらを身に付けていく上で大切なことは、二つの基本を押さえておくことです。

第一に、敬語は□表現であるということです。そして、第二に、敬語は人と人との距離《きょり》を保つための表現であるということです。

（北原保雄《きたはらやすお》「日本語《にほんご》の常識《じょうしき》アラカルト」）

(1) ——線①とありますが、文中で筆者は、良い言葉遣いを生み出すためには、何が重要であると述べていますか。その内容についてまとめた次の文の□に入る言葉を、文中から十字で抜《ぬ》き出しなさい。（25点）

・良い言葉遣いを生み出すためには、言葉そのものも大切であるが、その元にある□や相手に対する姿勢がより重要である。

(2) ——線②とありますが、この言葉の文中での意味として最も適切なものを次から選び、記号で答えなさい。（15点）

ア 落ち着きのない　**イ** 分かりにくい

ウ 無礼な　**エ** 思わせぶりな

〔　〕

(3) ——線③になるためには、何から学ぶという姿勢が大切ですか。文中から十字以内で抜き出しなさい。（20点）

(4) □に入る言葉として最も適切なものを次から選び、記号で答えなさい。（20点）

ア 主語に用いるのではなく、つねに述語に用いる

イ モノや行為を敬うのではなく、あくまで人を敬う

ウ モノを対象とするのではなく、行為や動作を対象とする

エ 敬うべき人にだけ使うのではなく、対等・水平の関係の人にも使う

〔　〕

(5) 言葉遣いを良くするために大切なのは何ですか。文中から六字で抜き出しなさい。（20点）

〔大阪―改〕

3 説明文・論説文③

合格点 80点

得点 　点

解答 ➡ P.69

月　日

次の文章を読んで、あとの問いに答えなさい。

日常のことばにおいて漠然《ばくぜん》と論理と考えられているのは、話の筋道である。この筋道がしっかりはっきりしていないと、話が通じにくく、誤解を招きやすい。つまり、①「線」的なものである。線は、曲がったり、折れたりせず、まっすぐに一直線であるのが、明快でのぞましい、とされる。

ことばの送り手は、線のようなことばを並べ、つなげていく。それを受け手がたどって意味をとることになる。

その送り手と受け手が、心理的に近接、親密であるとき、形式の整った線的論理が情報過多と感じられるようになる。わかり切った、見当のつく部分を切りすてても伝達が可能になるだけではない。線がうるさくなり、部分的に省略、欠落させる。それが表現を引き締《し》め、密度のあるコミュニケーションとして歓迎《かんげい》されるようになる。そこで②線の部分的風化がおこる。

普通《ふつう》の線的筋道がこうして、だんだん短くなり、さらに、退化すると、点になる。線的論理がいわゆる論理であるが、③身近な同士においては、点的論理が通じ合い、おもしろくなってくる。

人と人との心理的距離《きょり》が大きければ、用いられることばは、つよく線的な性格をおびる必要がある。典型的なケースは法律や法廷《ほうてい》のことばであって、ことばはしっかりした線的筋道であるのが好ましい。線が切れたり、曲がったりしては、重大な誤解、混乱をおこすおそれがある。④〝水ももらさぬ〟論理が求められる。

（中略）

家族の間で交わされることばは、法律用語とは大きく性格を異にする。法律のことばでは一から十をのべるのに、一、二、三、四、五、六、七、八、九、十とすべての数をおさえなくてはならない。それに引きかえ、親しいものの間では、すべての点をたしかめるようなことばは、うるさく、わずらわしく感じられるのである。一、二とくれば、三、四とつづくだろうことを受け手は予想する。それをはっきり三、四とおさえると、わかり切ったことを言わないでほしいという気持《きもち》を受け手ももつだろう。

（外山滋比古《とやましげひこ》「聴覚思考《ちょうかくしこう》 日本語《にほんご》をめぐる20章《しょう》」）

(1) ――線①とありますが、これを説明したものとして最も適切なものを次から選び、記号で答えなさい。（20点）

ア 送り手が、話を受け手に正しく伝えるために整えた筋道。
イ 送り手が、親しい受け手との間でのみ共有している知識。
ウ 送り手が、本心を遠回しに表現するために工夫した技法。
エ 送り手が、言葉を見ばえ良くしようと作った美しい表現。

［　　］

(2) ――線②とありますが、これは話で何が行われていることからおこるのですか。文中から五字で抜《ぬ》き出しなさい。（15点）

(3) ――線③とありますが、そうなるのはなぜですか。文中の最後の段落の言葉を用いて、次に合う形で二十字以内で書きなさい。（25点）

・身近な同士であれば、受け手は□から。

(4) ――線④とは、どんな論理ですか。最も適切なものを次から選び、記号で答えなさい。（20点）

ア 点的傾向《けいこう》がきわめて強い論理。
イ 線的傾向がきわめて強い論理。
ウ 家族同士で交《か》わされる固い論理。
エ 日本人独特の特異な論理。

［　　］

(5) この文章の話題として最も適切なものを次から選び、記号で答えなさい。（20点）

ア 理解しにくい法律用語。
イ 点的論理の重要さ。
ウ 話の筋道としての論理。
エ ことばの送り手と受け手。

［　　］

〔長崎―改〕

4 説明文・論説文④

合格点 80点

得点　　　点

月　　日

解答 ➡ P.70

次の文章を読んで、あとの問いに答えなさい。

哺乳《ほにゅう》類というのはもともと地上を四本足で歩行していたが、*霊長類《れいちょうるい》は頭上の木々で生活するようになった。その際、手足など体を環境《かんきょう》に適応させ、木々の果実や葉っぱを食べられるように歯も変化させたのだ。

そうまでしたのに、①ヒトはもう一度地上に降りてきた。その時に、人間はもとの四本足での歩行には戻《もど》らずに、後ろ足だけを使い二本足で地上を歩行することを選んだ。足を、完全に移動するための道具にしてしまったのである。以降、人間の足は独自のかたちで進化を続けた。

人間の足は、親指がほかの指と離《はな》れていない。だから当然、サルのように足で枝をつかむということができなくなった。しかし、手の仕組みは変わらず、親指だけが離れたいわば4対1の構造で、どんな物でもつかめるようになっている。さらに、移動に手を使うことがなくなり、自由に使えるようになったのだ。チンパンジーの手も器用にできているが、彼らは歩行の際に手を使わなくてはいけない。結果的にこのことが、②ヒトとほかの霊長類との決定的な違《ちが》いになった。

チンパンジーと分かれて二足歩行を始めた時点では、ヒトの祖先は平原ではなくまだ森林で生活していた、と最近の研究で考えられている。（中略）この頃《ころ》の*類人猿《るいじんえん》は、二足歩行をしつつ、木登りもできるような体つきをしている。

□、チンパンジーと系統が分かれて、すぐに生活の場が平原に移ったわけではなく、しばらくはまだ森と平原の両方にいて生活していた。

では、なぜヒトは過酷《かこく》な平原・サバンナに進出していったのか。実はその時代、地球上では乾燥《かんそう》・寒冷化が進んでおり、生息地であるアフリカの森林が少なくなっていた。その際に、最後まで残された森林にしがみついていたのが現在のチンパンジーであり、環境変化のためにサバンナに出て行かざるを得なかったのがヒトであった。森林をチンパンジーたちにとられてしまったともいえるが、外の世界に出て行かなくてはならなかったことが、後の進化につながることになる。

（長谷川《はせがわ》眞理子《まりこ》「ヒトはなぜヒトになったか」）

＊霊長類＝サル目の哺乳類の総称。サル類とヒト類を含《ふく》む。
＊類人猿＝最もヒトに近縁なサル類で、ゴリラ、チンパンジーなどがある。

(1) ――線①とありますが、ヒトが生活の場を森から平原に移した理由について述べている段落（形式段落）を文中から探し、初めの五字を抜《ぬ》き出しなさい。（15点）

(2) **(1)**のようにヒトが生活の場を平原に移した理由として地球の環境変化と関係があると考えられています。その地球の環境変化を表す言葉を文中から六字で抜き出しなさい。（15点）

(3) ――線②とありますが、筆者は、ヒトとほかの霊長類との決定的な違いは、どのような点にあると考えていますか。次の□にあてはまる内容を、二十五字以上三十五字以内で書きなさい。（30点）

・ヒトは、足を□という点。

(4) □に入る言葉として最も適切なものを次から選び、記号で答えなさい。（20点）

ア ところが　**イ** あるいは　**ウ** つまり　**エ** では

［　　］

(5) この文章の内容として最も適切なものを次から選び、記号で答えなさい。（20点）

ア 人間はもともと四足歩行をしていて森から出てからもそうだった。
イ 人間の足は移動の道具になってから独自に進化した。
ウ 地球の環境変化があってもヒトは最後まで森林にしがみついていた。
エ ヒトは平原で生活したために二足歩行をするようになった。

［　　］

〔埼玉―改〕

5 説明文・論説文⑤

合格点 75点
得点 点
月 日

解答➡P.70

次の文章を読んで、あとの問いに答えなさい。

現代は機械の精緻《せいち》さが飛躍《ひやく》的に高まり、従来の単純反復労働を極限まで肩代わりする時代だが、そうなると人間の肉体労働も質的に変化せざるをえない。すでに徴候《ちょうこう》の見える事態だが、もの造りは大きく二つに分かれ、それぞれ過去の単純反復労働から訣別《けつべつ》することになるだろう。一つはいうまでもなく余暇《よか》時間を埋《う》めるホビーとしての手仕事、もう一つ重要なのは知的活動の延長としてなされる手仕事、すなわち設計図の立体化というべき試作品を造る仕事である。

ホビーとしての手仕事は多岐《たき》にわたるが、木工、金工、料理、裁縫《さいほう》、機械製作にいたるまで、どれをとっても作品はつねに一品製作に終わり、しかもその一品の完成が最終目的とされるのが通常である。いいかえれば作業は目的と手段の無限連鎖《れんさ》から離《はな》れ、その過程それ自体が目的とされていることは明らかである。［A］作品には質的な高さが要求され、作業は苦しい緊張《きんちょう》を強《し》いられるが、それは芸術制作の場合も同様であり、［B］この緊張が現在の充実《じゅうじつ》をもたらしていると考えられる。現に多くの芸術活動そのものが素人《しろうと》によってホビーとして愉《たの》しまれているが、これはホビーの本質を裏側から証明するものだろう。

これにたいして工業生産の一環《いっかん》としておこなわれる試作品の生産は、産業全体の流れのなかでは当然、目的・手段の長い連鎖に組みこまれている。だがこのことは科学研究を含《ふく》むすべての知的活動にあてはまることであって、目を向けるべきはその営みの内部構造だろう。そして試作品製作を内部から見れば、これがほかならぬ一品製作であり、その完成が一連の知的活動の終着点であることに疑いの余地はない。試作品は表面的には設計図の立体化を目的とするように見えるが、本質的には逆に試作品が設計の正しさを検証するのであって、目的が手段によって修正を迫《せま》られることも少なくない。ここでも明白に時間の意味的な逆転が促《うなが》され、現在は完結した経過として充実を見せるのである。

こうして多くの実用的な日常行動が芸術に似た時間構造を示すなかで、本来の近代芸術もまた若干《じゃっかん》の変質を蒙《こうむ》りながらも生き延びてゆくだろう。

（山崎正和《やまざきまさかず》「世界文明史《せかいぶんめいし》の試《こころ》み」）

(1) [A]・[B]に入る言葉として最も適切なものを次から選び、記号で答えなさい。（50点）

ア A たとえ　B さらに　　**イ** A たしかに　B なぜなら

ウ A もちろん　B むしろ　　**エ** A すなわち　B まして

［　　］

(2) ——線「時間の意味的な逆転」とありますが、「もの造り」における「時間の意味的な逆転」を説明した次の文の[X]〜[Z]に入る最も適切な言葉を、[X]・[Y]は【A群】から、[Z]は【B群】からそれぞれ選び、記号で答えなさい。（25点×2）

・従来の単純反復労働によるもの造りにおいては、[X]は[Y]を達成するためのものだったが、現代のもの造りにおいては[Z]ということ。

【A群】
ア X…作業過程という手段　Y…完成という目的
イ X…知的活動という手段　Y…作業過程という目的
ウ X…完成という目的　Y…作業過程という手段
エ X…作業過程という目的　Y…知的活動という手段

【B群】
オ 達成された目的が次の目的を達成するための手段となり、それが繰り返されるようになる
カ 手段が目的から切り離され、目的に到達するまでの見通しを立てることが困難になる
キ 手段そのものの価値が高まり、手段が目的となることや、手段によって目的が見直されることがある
ク 目的と手段が入れ替わり、手段そのものが重要視され、目的を達成することには価値がなくなる

X・Y［　　］［　　］　Z［　　］

〔兵庫〕

6 説明文・論説文⑥

合格点 50点
得点　　点
解答➡P.70
月　日

次の文章を読んで、あとの問いに答えなさい。

　最近、ニュースやメディアで①人工知能（AI）の話題が取り上げられない日はないと言っていいでしょう。コンピュータがチェスの世界チャンピオンを破ったのは一九九〇年代後半でしたが、その後、チェスよりはるかに打つ手の組み合わせが多い将棋《しょうぎ》や囲碁《いご》まで、コンピュータがプロに勝利するまでになりました。

（中略）AIがこのまま進歩しつづければ、人がやっているすべての仕事をコンピュータが奪《うば》ってしまうのでしょうか。

　このような心配に対して、「知的に高度な仕事はまだまだコンピュータ化できないだろうから、ハイレベルな教育を受けて、高い知識を身につけよう」と考える人は多いでしょう。しかし、高度な仕事に必要な「高度な知識や思考」とは、いったい何でしょうか。人にしかできないこととは何でしょうか。

　これを考えるには、図表のように、高度な知識や思考を「専門性の高さ」と「思考の深さ」の二つの軸《じく》に分解して考えるとわかりやすいと思います。

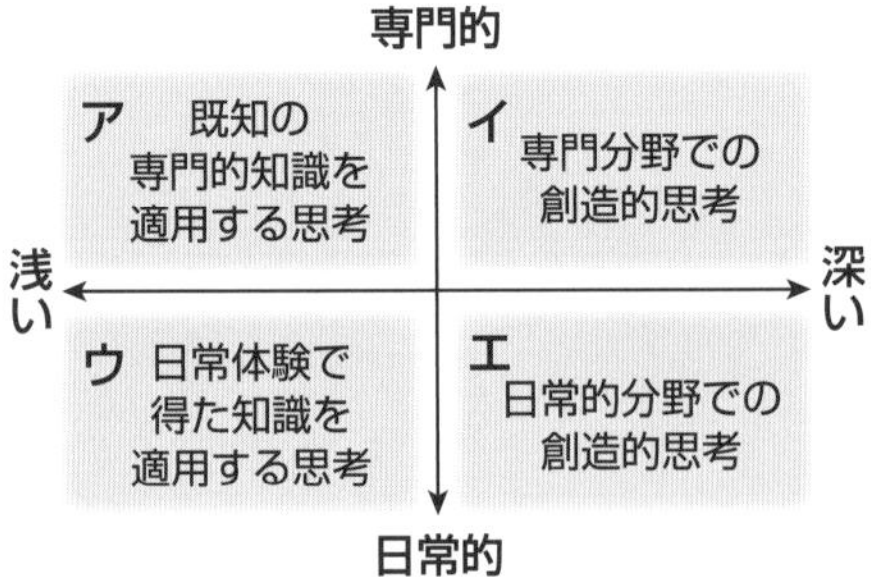

　第一の軸の「専門的と日常的」を見てみましょう。専門的な思考とは、細かく分けられた学問・技術分野での思考です。

　②こうしたフィールドでは、言葉の定義があいまいにならないように、分野ごとに異なる多数の専門用語が使われ、加えて、膨大《ぼうだい》に蓄積《ちくせき》されている専門知識が前提なので、そこでなされる思考もまた、専門家以外にはわかりにくいものになります。

　これに対して日常的な思考とは、誰《だれ》もが行う、日常生活の中での思考です。このためには誰でもわかる普通《ふつう》の用語と、人間が生活の中で蓄積してきた常識的な知識が使われるので、誰でも理解することができます。

次に第二の軸、「深い思考と浅い思考」を見てみましょう。浅い思考とは、現象やものの形・色といった表面的な属性だけに注目し、それらについての知識だけを使う思考方法です。

これに対して深い思考とは、現象やものの要素がどのようにつながっているか、あるいは因果関係がどのようになっているか、といった深い構造にも注目して、関係する多数の知識を動員し、それらを組み合わせて新たな知識をつくり出すものです。

別の言い方をすれば、浅い思考は「定型的な思考」、深い思考が「創造的な思考」ということ。浅い思考は、どんなに高度で専門的な知識を使おうとも、コンピュータに容易に置き換《か》えられてしまう思考です。また、創造的な仕事というと、ひらめきやインスピレーションが重要であると考えがちですが、実は深い思考が一番重要なのです。

（稲垣公夫《いながききみお》「深《ふか》く、速《はや》く、考《かんが》える。」）

(1) ――線①「人工知能（ＡＩ）」を筆者が取り上げた意図として最も適切なものを次から選び、記号で答えなさい。（50点）

ア ＡＩの持っている利点を示すことで、人間とコンピュータとの共存を図る必要性を訴《うった》える意図。

イ ＡＩの持っている利点を示すことで、社会生活をより豊かにしていく方法を考えさせる意図。

ウ ＡＩに対する危惧《きぐ》の念を示すことで、これからの社会で人間に求められることを考えさせる意図。

エ ＡＩに対する危惧の念を示すことで、高度な知識を習得するための教育の必要性を訴える意図。

［　　］

(2) ――線②「こうしたフィールド」で行われる「思考」としてあてはまるものを図表中からすべて選び、記号で答えなさい。（50点）

［　　］

〔山形〕

7 説明文・論説文⑦

合格点 80点

得点　　点

解答 ➡ P.70

月　日

次の文章を読んで、あとの問いに答えなさい。

いまから約四〇年前の一九七〇年、日本の自給率が六〇%だったのに対して、[A]は四六%でした。それが現在では七〇%になっています。[B]は六八%だったのですが、いま八四%まで復活しました。日本ととても親しい[C]がいま一二八%です。一〇〇%あればりっぱな農業国です。[D]は先進工業国だと思っていますが、じつはたいへんな農業国で、いま一二二%です。[E]が一四五%、世界一の農業生産国である[F]は二三七%になっています（いずれも二〇〇六年の数値。二〇〇八年二月に農林水産省が発表したもの）。

日本がいかにひどいかということです。このまま進んでいったらたいへんなことになってしまうと私は思っています。

日本の農業が、後継《こうけい》者がひじょうに少なくなり、全国的に農業生産力が落ちてしまったことの背景には、いったい何があるのでしょうか。

私は、最大の原因は、日本の農業政策や考え方にあると思っています。それがヨーロッパとひじょうに大きな違《ちが》いをもっているのです。

たとえば、ヨーロッパの場合は二〇〇七年、農家の全収入の六〇~七〇%は国からの補助金です。「ばらまきではな

主要先進国の食料自給率（カロリーベース）の推移

	1961	1965	1970	1975	1980	1985	1990	1995	2000	2001	2002	2003
オーストラリア	204	199	206	230	212	242	233	261	280	265	230	237
カナダ	102	152	109	143	156	176	187	163	161	142	120	145
フランス	99	109	104	117	131	135	142	131	132	121	130	122
ドイツ	67	66	68	73	76	85	93	88	96	99	91	84
イタリア	90	88	79	83	80	77	72	77	73	69	71	62
オランダ	67	69	65	72	72	73	78	72	70	67	67	58
スペイン	93	96	93	98	102	95	96	73	96	94	90	89
スウェーデン	90	90	81	99	94	98	113	79	89	85	87	84
スイス	51	48	46	53	55	60	62	59	61	55	54	49
イギリス	42	45	46	48	65	72	75	76	74	61	74	70
アメリカ	119	117	112	146	151	142	129	129	125	122	119	128
日本	78	73	60	54	53	53	48	43	40	40	40	40

（農林水産省試算，単位：%）

農林水産省「食料需給表」，FAO“Food Balance Sheets”をもとに農林水産省で試算したもの。

注1．供給熱量総合食料自給率は，総供給熱量に占める国産供給熱量の割合である。畜産物については飼料自給率を考慮している。アルコール類は含まない。

注2．ドイツについては，統合前の東西ドイツを合わせた形で遡及《そきゅう》している。

いか」と思うかもしれませんが、そうではありません。

日本では、農家を一種の個人会社のように考えています。だから農家が潰《つぶ》れても、つまり農業を廃業《はいぎょう》してもそれで終わりということで、べつだん、国や地方自治体は干渉《かんしょう》しません。つまり、国が農家を間接的には振興《しんこう》しているものの、直接的には救うことはほとんどありません。

ところが、ヨーロッパの場合はつぎのような解釈《かいしゃく》をします。国民から税金をとります。その税金は何のためにとるかというと、国民の安全や快適な生活を保証するために使います。国民の安全を保証するというのは、一つは国防ですが、それよりもっと重要なのは国民の命そのものを守ること、すなわちそれは食料なのです。食料は国民の命綱《いのちづな》であり、これがなくなったら国民は生きていけません。

そのために、税金を農民にひじょうに手厚く使うことが、ヨーロッパと日本のいちばん大きな違いです。

（小泉武夫《こいずみたけお》「いのちをはぐくむ農と食」）

(1) [A]～[F]に入る国名を、表から読み取って答えなさい。（10点×6）

A［　　］　B［　　］
C［　　］　D［　　］
E［　　］　F［　　］

(2) 一九六一年と二〇〇三年の食料自給率を比較《ひかく》して、①改善率が最も高い国と、②最も低い国の組み合わせとして適切なものを次から選び、記号で答えなさい。（20点）

ア ①イギリス―②イタリア　**イ** ①カナダ―②イタリア

ウ ①イギリス―②日本　**エ** ①カナダ―②日本

［　　］

(3) 日本とヨーロッパの農業政策や考え方の違いについて、次のようにまとめました。表中の[X]・[Y]に入る言葉を、文中から一語で抜《ぬ》き出しなさい。（10点×2）

日本	一種の[X]	直接救うことはほぼない
ヨーロッパ	国民の命綱である食料を担う	[Y]を手厚く使う

X［　　］

Y［　　］

8 小説①

合格点 70点
得点　　点
解答➡P.71
月　日

次の文章を読んで、あとの問いに答えなさい。

小学校六年生の「弦《げん》」は、ある事情で馬に乗るのをやめていたが、父の兄「ハルオジ」の誘《さそ》いをうけて流鏑馬《やぶさめ》の射手《いて》に挑戦《ちょうせん》することになった。そこで、隣町《となりまち》の神社で行われる流鏑馬を見物することにした。

あの駈《か》けぬける速さのうちに、矢を背中の筒《つつ》から引きぬいて、かまえて、射《う》つ。それがどれほどむずかしいことか、しろうとの弦だって、わかる。

二百五十メートルのうちに、それを三度くりかえす。弦から見れば二百五十メートルは長いけど、射手にとっては秒きざみの時間との戦いになるのだろう。

「技術ばかりじゃない。これは、射手と馬の息がぴったりじゃないと、できない芸術なんだ。」

ハルオジの息も、いつになくあらく、興奮しているのがわかる。

弦の頭の中に、四字熟語がするりとうかんだ。

「□っていいたいんでしょ？」

「ふん。さすが受験生。だけどな。言葉を知っていても、体験していなければ、知識にすぎない。」

弦は、むっとした。

けれど、①ハルオジのいうことは、ただしい。

いつか、弦と海王《かいおう》が、こんなふうにできるだろうか、と考えてみても、いまはまだ想像もつかない。

弦は、ふと、かおるさん*の言葉を思いだした。

「あのさ、そういえば、かおるさんからきいたんだけど……。」

「なんだ？」

「海王って、捨てられそうになっていたって……いらない馬だったって、ほんと？」

「ああ、そのとおりだ。……血統とか、生まれがどうとか、ほんとつまらんことばかりだよ。全部、人間さまのつごうでな②。」
ハルオジは、その先はいいたくなさそうに言葉をにごした。
「でも、ハルオジは、海王が、いい馬だと思ったんだよね。それで、わざわざ手にいれたんだよね。」
「ああ、それも、おれさまのつごう③。」

（大塚《おおつか》菜生《なお》「弓を引く少年」）

＊かおるさん＝乗馬スクールのインストラクター。

(1) □に入る言葉として最も適切なものを次から選び、記号で答えなさい。(30点)

ア 馬耳東風　**イ** 牛飲馬食　**ウ** 人馬一体　**エ** 南船北馬　［　　］

(2) ——線①「ハルオジのいうことは、ただしい」とありますが、ハルオジがいったこととして最も適切なものを次から選び、記号で答えなさい。(30点)

ア 知識よりも体験が必要だ。　**イ** 体験があれば知識は不要だ。

ウ 知識があれば体験は不要だ。　**エ** 体験よりも知識が必要だ。　［　　］

(3) ——線②、③について、「ハルオジ」の気持ちを踏《ふ》まえた効果的な音読方法として最も適切なものを次から選び、記号で答えなさい。(40点)

ア ②は、馬を血統や生まれでしか判断できない人間を非難する気持ちを込《こ》め、③は、自分の価値観に自負はあるが、自己の都合で手にいれたのは他者と同様だとの思いが表現されるように音読する。

イ ②は、馬の価値が血統や生まれによって決められる現状へのいらだちを込め、③は、自分の事情で買ったとはいえ、結果的に一頭の命を救えたことに安心する気持ちが表現されるように音読する。

ウ ②は、動物の命を軽視する人間社会への抑《おさ》えようのないいきどおりを込め、③は、名馬を手にいれられたというだけで満足しきっていた自分を激しく嫌悪《けんお》する気持ちが表現されるように音読する。

エ ②は、馬の運命を握《にぎ》っていることに気づかない人間に対するあわれみを込め、③は、自分本位の価値観が一頭の馬の運命を左右することを理解できないおいへの不満が表現されるように音読する。　［　　］

〔大分―改〕

9 小説②

合格点 80点　得点　　点

解答 ➡ P.71

月　日

次の文章を読んで、あとの問いに答えなさい。

茶道の実力に自信を持っていた宗易《そうえき》（後の千利休《せんのりきゅう》）は、十九歳の秋、武野紹鷗《たけのじょうおう》に弟子《でし》入りを志願する。堺《さかい》（現在の大阪《おおさか》府中部）の商人の紹鷗は連歌師（詩歌《しいか》の一種である連歌を上手に詠《よ》む人）と言われるほどにも歌の道を究《きわ》めており、茶の湯でも有名で、簡単に入門を申し出ることができる人物ではなかった。

紹鷗は、①入門を乞《こ》う宗易に、しばらく無言で対座していたが、やがておもむろに口をひらいて言った。

「十六歳の時に、既《すで》に茶会をひらいたとの評判は聞いておる。その評判はおそらく貴方《あなた》には害にこそなれ、何の益にもならなかったであろうな。ここでは、先《ま》ず庭の掃除《そうじ》からやってもらおう。それでもよろしいかな」

宗易はその言葉に、ハッとした。目から鱗《うろこ》の落ちる思いがしたのだ。さすがに武野紹鷗である。②宗易自身の最も誇《ほこ》りとしているところを紹鷗は衝《つ》いた。自分の誇りにしてきたものを、何の益にもならなかったであろうと指摘《してき》したのだ。その言葉が宗易の身に沁《し》みた。「入門のお許しを頂ければ幸いに存じます」

宗易は＊平伏《へいふく》した。

紹鷗を訪ねるまで、宗易は、紹鷗が直ちに自分の＊点前《てまえ》をどの程度か見てくれるものと、信じて疑わなかった。そして内心、その自分の点前に、紹鷗は賛嘆《さんたん》するであろうことを期待してきた。ところが、紹鷗が命じたことは掃除であった。

「では、しばらくここで待っているように」

紹鷗は部屋を立って行った。八畳《じょう》の間に、宗易は一人置かれた。半刻《はんとき》も経《た》った頃《ころ》である。弟子の一人が襖《ふすま》をあけて、宗易に告げた。

「では、＊露地《ろじ》の掃除をとのお言葉でございます」

与えられた竹箒《たけほうき》を持って露地に立った宗易は、③はたと当惑《とうわく》した。たった今掃除されたばかりなのであろう。ちり一つ、木の葉一枚落ちていない。

先ほど、庭の掃除から始めてもらおうと紹鷗に言われた時には、

（掃除ごときことならば……）

という□気持ちがまだあった。が、ちり一つない庭に立たされて、宗易は内心*狼狽《ろうばい》した。

（三浦綾子《みうらあやこ》「千利休とその妻たち」）

*平伏《ふ》した＝ひれ伏した。　*点前＝茶の湯の所作・作法。

*露地＝茶室へと続く庭。　*狼狽した＝あわててうろたえた。

(1) ――線①「入門を乞う宗易」とありますが、このときの宗易の考えとして最も適切なものを次から選び、記号で答えなさい。（20点）

ア 紹鷗が自分の点前を直ちに見てくれて、自分の点前に賛嘆するだろう。

イ 紹鷗に露地の掃除を命じられても落胆《らくたん》しないようにしよう。

ウ 紹鷗の言う言葉の一つ一つが、自分の身に沁みるだろう。

エ 紹鷗に、目から鱗の落ちる思いのするようなことを言われるだろう。

〔　　〕

(2) ――線②「宗易自身の最も誇りとしているところ」とありますが、この内容を述べている最も適切な言葉を「こと。」に続くように、文中から十六字で探し、初めの五字を抜《ぬ》き出しなさい。（20点）

□□□□□

(3) ――線③「はたと当惑した」とありますが、宗易はなぜ当惑したのですか。二十五字以上三十五字以内で書きなさい。（25点）

□□□□□□□□□□□□□□□□□□□□□□□□□□□□□□□□□□□

(4) □に入る言葉として最も適切なものを次から選び、記号で答えなさい。（15点）

ア 失望した　**イ** 困惑した　**ウ** 平伏した　**エ** 思い上がった

〔　　〕

(5) 宗易が、紹鷗を並みの人物ではないと思っていることが読み取れる一文を文中から探し、初めの五字を抜き出しなさい。（20点）

□□□□□

（福岡―改）

10 小説③

合格点 80点

得点　　点

解答➡P.71

月　日

次の文章を読んで、あとの問いに答えなさい。

〔「ぼく」は、クラスメイトの斉藤多恵《さいとうたえ》がアルバイトをしているホテルに行って、斉藤多恵の働く姿を見たいと思い、自転車に乗り込んだ。〕

ぼくはホテルの手前でスピードをゆるめ、キョロキョロのぞいて斉藤多恵をさがした。道からみえる部屋は広いロビーだった。ロビーからは湖がみわたせて最高の眺《なが》めにちがいない。曲名はわからないけど、きれいな、小川のせせらぎのような耳に心地いいピアノの音が窓辺からこぼれていた。皿洗いとかの下働き、と斉藤多恵はいっていたので、ロビーにいるわけはないと思いつつ、ぼくはもしかしたら掃除《そうじ》かなにかをしているのではないかと期待して、ゆっくりと窓越《ご》しに①ロビーの中をみまわした。グランドピアノの前のソファーで老人のカップルや家族連れが［A］。立ったまま耳をすませている人もいた。本当に上手なピアノだった。ピアノを弾《ひ》いている女の人に目をとめたとたん、ぼくは思わず自転車のブレーキをひいてしまった。

嘘《うそ》だろう⁉

くたびれて色あせた若草色の長袖《ながそで》のワンピース。その上に胸までの白いエプロンを結んでいる。

斉藤多恵だった。

＊杉本夏子《すぎもとなつこ》の流れるようなピアノと、＊小林《こばやし》先生のひとつひとつの音がはっきりするピアノをミックスしたようなピアノの音だった。いや、やっぱりそうではない。②まるっきりちがうピアノの音だった。ピアノの音が、まるで虹色《にじいろ》の小さなシャボン玉となって、窓から入りこむそよ風にふわふわと軽やかに浮《う》かびながら次々に生まれでているかのようだった。音が目にみえるかのようだった。それまで耳にしたことがない心を奪《うば》われる演奏だった。斉藤多恵はテレビでみるピアノ演奏のように、身体をしなやかに動かしながら弾《ひ》いていた。あいつ、ピアノまですげえんだ……。ぼくは［B］きき入った。

演奏が終わると、きいていた人たちが幸せそうな笑顔《えがお》で拍手《はくしゅ》した。斉藤多恵は③はにかむように笑って立ち上がり、小さく頭を下げた。

（川上健一《かわかみけんいち》「翼《つばさ》はいつまでも」）

＊杉本夏子＝「ぼく」や斉藤多恵のクラスメイト。
＊小林先生＝「ぼく」や斉藤多恵の音楽の先生。

(1) ——線①「ロビーの中をみわたした」とありますが、このときの「ぼく」はどのような気持ちでしたか。文中の言葉を使って三十字以内で書きなさい。（20点）

(2) A に入る言葉として最も適切なものを次から選び、記号で答えなさい。（20点）

ア 関心なさそうに本や雑誌に目を通していた
イ 何気なくピアノを演奏している人と話していた
ウ それぞれの会話に夢中になっていた
エ うっとりとピアノの演奏にききほれていた

［　］

(3) ——線②「まるっきりちがうピアノの音」とありますが、斉藤多恵の弾くピアノの音は、どのような音でしたか。たとえを使って書かれている連続する二文を、ここよりあとの文中から抜《ぬ》き出しなさい。（20点）

［　］

(4) B に入る言葉として最も適切なものを次から選び、記号で答えなさい。（20点）

ア 我が物顔で　イ 呆然《ぼうぜん》として
ウ 傷心を抱《いだ》いて　エ 充足《じゅうそく》をはかって

［　］

(5) ——線③「はにかむように」とは、どのような様子ですか。最も適切なものを次から選び、記号で答えなさい。（20点）

ア 恥《は》ずかしそうな様子。　イ 安心する様子。
ウ ほこらしげな様子。　エ 自信にあふれる様子。

［　］

合格点 80点
得点　　点
月　日
解答➡P.72

次の文章を読んで、あとの問いに答えなさい。

「私」は、人間に捕《と》らえられ、現在は動物園の檻《おり》の中にいる獅子《しし》(ライオン)であり、父の「決して瞋《いか》るな、瞋れば命を失う」という訓《おし》えを守り続けている。

妻は夜ごと私に草原の話をせがんだ。しかし私とて、幼い日の記憶《きおく》がそれほど豊かではなかった。同じような話をくり返し、ときには見もせぬものを見たように語った。

いったい彼女《かのじょ》は、どうしてあれほど執拗《しつよう》に、帰らざるふるさとの話を欲《ほっ》したのだろう。今さら聞いたところで①詮方《せんかた》ない話を。

妻が私の話を聞くことで、みずからの運命を嘆《なげ》き、瞋りの感情を抱《いだ》くのではないかと私は怖《おそ》れた。だが、彼女はけっして瞋らなかった。おそらく私の父の訓えと同様に、妻もまた都会の公園の檻の中で、父母からその心得を授けられていたのだろう。

妻は夜ごと私の話を聞きながら、私の腕《うで》の中で眠《ねむ》った。

子らを授かったとき、妻は私に懇願《こんがん》した。草原の話を聞かせてあげて、と。酷《むご》い話かもしれないと思いもしたが、私は妻の願いを*掬《きく》して、いまだ目も開かぬ子供らにふるさとの話を聞かせた。よしや帰らざるふるさとであろうと、父祖の生きたところ、②おのれのあるべきところは知らねばならぬと思ったからである。

妻の親は娘《むすめ》を*不憫《ふびん》に思って語らなかったが、妻はその親心ゆえに無知であった自分自身を、不憫に思ったにちがいなかった。

涸《か》れ尽《つ》きていたはずの記憶は、子供らに語るうちに掘《ほ》り起こされた。

草原の風の匂《にお》い。乾《かわ》いた大地と、たくましく根を張る灌木《かんぼく》。水場に群らがる獣《けもの》たち。それらは弱きに見えて、身を守る術《すべ》をそれぞれに知っており、けっして人間たちが投げ入れる肉のように、たやすい餌《えさ》ではないこと。

伝説でもいい、と私は思った。たとえ檻の中とは無縁《むえん》の話でも、③おのれが本来かくあるべきと知れば、晒《さら》し物でも見世物でもない*矜持《きょうじ》を、きっと持つことができるから。

(浅田《あさだ》次郎《じろう》「獅子《しし》吼《く》」)

＊掬する＝事情をくみ取って察する。　＊不憫＝気の毒なこと。
＊矜持＝自負・誇《ほこ》り・プライド。

(1) ――線①とありますが、「私」がそう思ったのはなぜですか。理由を簡潔に書きなさい。（25点）

［　　　　］

(2) ――線②から③へと「私」が子供達に知らせたいことが変化しています。その理由として最も適切なものを次から選び、記号で答えなさい。（25点）

ア 父の訓えに従って草原で獲物《えもの》を狩って生きていた頃《ころ》の記憶が、子供達に語るうちに掘り起こされたから。

イ 動物園の動物は、檻の中で生きるものであり、人間の与《あた》えてくれた幸福に満足すべきだと思ったから。

ウ 草原について語るうちに、みずからの運命を嘆き、瞋りの感情を抱くようになったから。

エ 草原に戻《もど》るべきだということを伝えたい気持ちが、子供達に語るうちに強くなったから。

［　　］

(3) 最後に、「私」には＝線という考えが思い浮《う》かびます。そのとき、「私」は子供達がどのように生きることを望んでいたと考えられますか。三十字以上五十字以内で書きなさい。（30点）

(4) 文中には妻の言った言葉として、「　」でくることができるところが一か所あります。その言葉を文中から抜《ぬ》き出しなさい。（20点）

［　　　　］

〔長野―改〕

12 小説⑤

合格点 80点
得点　　点
解答➡P.72
月　日

次の文章を読んで、あとの問いに答えなさい。

魚津《うおづ》はピッケル*を岩のあいだに立てたまま、友の姿に目をやっていた。風は斜面《しゃめん》の左手から吹《ふ》きつけて、たえず雪けむりが下方の空間を埋《う》めている。ときどき落雪がぶきみな音をたてて魚津の足場に散った。

そのとき小坂《こさか》は魚津より五メートルほどななめ横の壁《かべ》にとりついて、ザイル*を頭上に突きだしている岩にかける作業に従事していた。ふしぎにその小坂乙彦《おとひこ》の姿は魚津には一枚の絵のようにくっきりと澄《す》んで見えた。魚津をとりまいているわずかの空間だけが、きれいに洗いぬぐわれ、あたかもガラス越しにでも見るように、岩も、雪も、①小坂のからだも、かすかな冷たい光沢《こうたく》をもって見えた。

事件はこのとき起こったのだ。魚津は、とつぜん小坂のからだが急にずるずると岩の斜面を下降するのを見た。つぎの瞬間《しゅんかん》、魚津の耳は、小坂の口から出た短いはげしい叫《さけ》び声を聞いた。

魚津はそんな小坂に目をあてたまま、ピッケルにしがみついた。そのとき、小坂のからだは、何ものかの大きな力に作用されたように岩壁の垂直の面から離《はな》れた。そして落下する一個の物体となって、②雪けむりの海の中へ落ちて行った。

魚津はピッケルにしがみついていた。そして、小坂乙彦のからだがかれの視野のどこにもないと気づいたとき、魚津ははじめて、事件のほんとうの意味を知った。小坂は落ちたのだ。

魚津は無我夢中で、

「コ、サ、カ。」

と、さいごのカの音をながく引いて、ありったけの声をふりしぼって叫んだ。そしてふたたび、おなじ絶叫《ぜっきょう》をくりかえそうとして、③それをやめた。小坂乙彦の名をいくら大声で叫んでみても、それがどうなるものでもないことに気づいたからである。

＊ピッケル＝つるはしつきの登山杖《づえ》。　＊ザイル＝登山用の綱。

（井上《いのうえ》　靖《やすし》「氷壁《ひょうへき》」）

(1) ――線①「小坂のからだ」は、文中ではほかに何と表現されていますか。五字で抜《ぬ》き出しなさい。（20点）

(2) ――線②「雪けむりの海」の様子を、具体的に表現している一文があります。その文をそのまま抜き出しなさい。（20点）

［　　　　］

(3) ――線③「それをやめた」とありますが、なぜですか。文中の言葉を使って書きなさい。（20点）

［　　　　］

(4) この文章には、事件によって魚津がぼう然としていることがわかる動作が、二度繰《く》り返して描《えが》かれています。それはどのような動作か、書きなさい。（20点）

［　　　　］

(5) この文章には、緊迫《きんぱく》した場面が描かれていますが、表現の特徴《とくちょう》について述べた文として最も適切なものを次から選び、記号で答えなさい。（20点）

ア 情景描写《びょうしゃ》や行動の描写が簡潔であり、場の緊迫感を効果的に表現している。

イ 心情描写が多く、人物の気持ちを具体的に表現している。

ウ 一文が比較的長く、やわらかい感じを出している。

エ 体言止めを多用して一文を短くすることで、場面の情景を叙情《じょじょう》的に表現している。

［　　　　］

13 小説⑥

合格点 80点
得点 　点
月　日
解答➡P.72

次の文章を読んで、あとの問いに答えなさい。

高校生の加藤東子《かとうはるこ》が所属する俳句同好会は、俳句甲子園《こうしえん》に出場していた。東子は、生徒たちの応援《おうえん》に来ていた国語教師の富士《ふじ》と会話をしている。


富士は体をひねって東子を見た。

「たとえば、昨日うちが出場した決勝トーナメント第一回戦の、*中堅戦《ちゅうけんせん》を覚えていますか？　あの相手チームの句」

東子は記録ノートを引っ張り出す。

「ああ、これですか」

すごく印象に残っている。①まっすぐすぎて異色だった。

夕焼雲でもほんたうに好きだつた

「あまりにまっすぐで、みなさん攻《せ》めあぐんでいましたね。たしかに争点は、表記はこれでいいのかということに終始しました。ですが、こういっては何ですが、②それは些末《さまつ》なことだったと思います。あの句はあのままで、どの言葉にも置き換《か》えられない［　］を獲得《かくとく》できていたんじゃないでしょうか」

「でも、それじゃ、あの場でどう突《つ》っ込《こ》めばよかったんでしょう。何も言えなくなっちゃいます」

「突っ込まずに、すなおに共感したと言ってもよかったのではないですか？」
③東子は返事ができなくなった。
「本当は、私は今でも俳句という形態が好きではありません。その理由の一つは、あのような、句歴の浅い高校生がひねりや工夫なしに摑《つか》み取った表現が、時として圧倒《あっとう》的な印象を残すことがあるからです」

なんだか今、とても大切なことを言ってもらっている気がする。富士の言葉をこんなに真剣《しんけん》に聞いたことがあっただろうか。

東子の思いにかまわず、富士はいつものとおりに教師らしく続けている。

（森谷明子《もりやあきこ》「春や春」）

＊中堅戦＝俳句甲子園では各チームが五人一組で対戦する。中堅はその三番目。

(1) ――線①とありますが、どういうことですか。最も適切なものを次から選び、記号で答えなさい。（25点）

ア 押《お》しつけがましく、不快を感じる内容だったということ。
イ 自分の主観を一方的に述べていたということ。
ウ 誰《だれ》にでも理解できる表現技法を巧《たく》みに使っていたということ。
エ 自分の感情にとても素直《すなお》な表現だったということ。

〔　　〕

(2) ――線②とありますが、富士はどういうことを言いたかったのですか。それについて説明した次の文の□に入る言葉を、文中から二字で抜《ぬ》き出しなさい。（15点）

・この俳句の場合は、□についての議論は重要ではなかったということ。

□□

(3) □に入る言葉として最も適切なものを次から選び、記号で答えなさい。（15点）

ア 可能性　イ 優位性　ウ 必然性　エ 象徴性《しょうちょうせい》　オ 保守性

〔　　〕

(4) ――線③とありますが、その理由として最も適切なものを次から選び、記号で答えなさい。（25点）

ア 富士の言葉が予想どおりのもので失望したから。
イ 富士の言葉が意表をつくものだったから。
ウ 富士の言葉が具体的ではなく理解できなかったから。
エ 富士が東子の質問に直接こたえてくれなかったから。

〔　　〕

(5) 東子は富士との会話を通して、富士からどんなことを教わっていると感じましたか。文中から八字で抜き出しなさい。（20点）

□□□□□□□□

〔久留米大附設高―改〕

14 小説⑦

合格点 75点　得点　　点

解答➡P.73

月　日

次の文章を読んで、あとの問いに答えなさい。

　お母さんがねこんでから、ふた月だった。七月のある夕方、それまで病気ひとつしたことのないお母さんが、きゅうに苦しみだして、それが*急性腹マクだとわかった時、家じゅうのものは、①とほうにくれた。

　お父さん、中学一年の道子《みちこ》、小学五年の秋男《あきお》、だれもまんぞくにごはんのたける人、洗たくのできるものはいなかった。病院にはいったお母さんは、家が心配で、半月で帰ってきた。そして、よごれ物のつまれた家の中で、時どきくる家政婦さんをまってくらした。

　そんなある日だった。朝のうちから、②ひょっくり、おばさんがやってきた。

　おばさんは、③手にもったふろしきづつみをほどきもしないで、あたりを見まわすと

「どうしたの、この家の人は！」と、どなった。

「お母さんをごみの中にねかしておいていいの？」

　それから、おばさんは、はらだちまぎれといったかっこうで、うでをまくりあげると、二人の子どもを追いつかいながら、一時間半というもの、そうじと洗たくにとっくんだ。そして、さっぱりした寝《ね》まきにきかえたお母さんのわきに座りこむと

「これで、あんたもせいせいしたでしょ！」

「ありがとう、ねえさん」お母さんは笑っていった。「でもね、④私、このごろ、アカじゃ死なないからって、考えてるの」

「あんたの教育方針がまちがってるのよ！」

　その時、秋男たちがびっくりしたのは、おばさんの*ケンマクではなくて、お母さんの返事だった。

「そうなの。私もこんどこそ、わかった。なおったら、やりなおすわ。だっ

て、人間いつ死ぬかわからないのに、こんなに何もできない人たちのこしていくんじゃ……」

（石井桃子《いしいももこ》「においのカゴ」）

＊急性腹マク＝急性の腹膜炎という病気。　＊ケンマク＝怒っている態度。

(1) ――線①「とほうにくれた」とありますが、本文中の意味として最も適切なものを次から選び、記号で答えなさい。（25点）

ア お母さんが苦しんでいる原因が「急性腹マク」だと分かって、どんな病気なのか知りたくなった。

イ お母さんの病気が早く治るように、協力しようと張り切った。

ウ 病気ひとつしたことのないお母さんが急に苦しみだしたので、不思議に思った。

エ お母さんが家からいなくなってしまうことが分かって、どうしたらいいか分からず、困り果てた。

［　　］

(2) ――線②「ひょっくり」とありますが、この言葉と置きかえられる言葉として最も適切なものを次から選び、記号で答えなさい。（25点）

ア 突然《とつぜん》　**イ** あわてて　**ウ** ひっそり　**エ** いつもの

［　　］

(3) ――線③「手にもったふろしきづつみをほどきもしないで」とありますが、このときのおばさんの様子をまとめた次の文の□に入る言葉を、文中から九字で抜《ぬ》き出しなさい。（25点）

・□家の様子にびっくりしている。

(4) ――線④「私、このごろ、……考えてるの」とありますが、お母さんがこう言った理由として最も適切なものを次から選び、記号で答えなさい。（25点）

ア 病気のつらさをうったえるため。　**イ** 家事の大切さをうったえるため。

ウ 家の人たちをかばうため。　**エ** ねえさんをかばうため。

［　　］

〔長野―改〕

15 随筆①

合格点 80点

得点　　点

解答 ➡ P.73

月　日

次の文章を読んで、あとの問いに答えなさい。

a雪が少ないのは、確かに生活を楽にしている。だいいち、除雪の手間がいらない。それは北国だから雪は降るけれど、道がうまってしまうほどではない。国道や町道が通行不能になるのは、年間、一日か二日である。

でも雪が少ないので、寒さが大地にじかにしみとおる。雪は一種の大地の防寒衣であり、冬の初めに何をどうまちがえたか、ドカ雪がやって来て大地をおおってくれると、大地が深く凍《こお》らないまま冬を越す。

初冬にドカ雪が来るのは、しかし例外であり、たいてい雪は三月にどっと降る。寒さが最も厳しい一月の終わりから二月の初めにかけては、雪は三十センチほど積もっているにすぎない。だから大地が凍る。寒い年には、b身の丈《たけ》ほど深く凍っている。

c「シバレがきついでや。」

農夫は顔を曇《くも》らせる。シバレがきついと、雪がとけてもなかなか大地がよみがえらない。表面にうっすら緑がもえ出してきても、掘《ほ》ると、内部には氷の層がある。大地のシバレがすっかりなくなり、地下水が自由に流れ始めるまで、道東《どうとう》ではかなり時間がかかる。

「まんだ、シバレ落ちしねえもにょな。」

農夫はそう言う。

シバレ落ちしない間は、農作業ができない。だから春の訪れが極端《きょくたん》に遅《おそ》くなり、d作物の栽培《さいばい》には不向きである。

稲作《いなさく》には向いていない。かといって野菜を作っていたのでは、いちばん出回る、安い時期にしか出荷できない。

（畑《はた》　正憲《まさのり》「根釧《こんせん》原野」）

(1) ――線a「雪が少ないのは、確かに生活を楽にしている」について、次の各問いに答えなさい。

① 「雪が少ない」と、たとえば、どのように楽なのですか。文中から抜《ぬ》き出しなさい。(15点)

[　　　　]

② 「雪が少ない」ことの欠点は何ですか。文中から抜き出しなさい。(10点)

[　　　　]

(2) ――線b「身の丈ほど」とは、どれくらいの深さですか。自分で考えて書きなさい。(20点)

[　　　　]

(3) ――線c「農夫は顔を曇らせる」とありますが、それはなぜですか。文中の言葉を使って書きなさい。(20点)

[　　　　]

(4) ――線d「作物の栽培には不向きである」とありますが、どのように不向きなのですか。それがわかる部分を文中から探し、初めと終わりの一文節を抜き出しなさい。(15点)

[　　　　]～[　　　　]

(5) この文章を通して筆者が伝えようとしていることは何ですか。最も適切なものを次から選び、記号で答えなさい。(20点)

ア 筆者の住んでいる場所は雪が少ないので、暮らしやすい。

イ 筆者の住んでいる場所は、人口がだんだん減少していきつつある。

ウ 筆者の住んでいる場所は雪が少ないけれど、三月には、ドカ雪が降る。

エ 筆者の住んでいる場所の春は、雪が少ないために、かえって遅い。

[　　　　]

16 随筆②

合格点 80点

得点　　点

月　日

解答 ➡ P.73

次の文章を読んで、あとの問いに答えなさい。

次の日、地図を片手に朝から僕《ぼく》はひたすら歩き続けた。しばらく歩くうちに、狭《せま》い道に入ってくる車の意外に多いことに気がついた。注意してみると、いずれも観光客を乗せたハイヤーやタクシーである。ところどころで車を止めては、運転手が客に説明しているらしい。ぞろぞろと車を出た客が古い屋《や》敷跡《しきち》をのぞき込《こ》んだり、老木をふり仰《あお》いだりすることもあるけれど、①窓のガラスを下ろすだけで腰《こし》も上げずに見物を済ませてしまう客がいる。中にはスピードを緩《ゆる》めるだけで通り過ぎていく車さえある。あれで観光になるのだろうか、と僕は②首をかしげた。

次に気づいたのは、自転車に乗っている学生らしい若者たちによく出会うことだった。春休みのシーズンだったせいかもしれない。いずれも後ろに大きくナンバーを書き込《こ》んだ観光客用の貸し自転車である。彼らはグループをつくって風のように走ってきた。特に夕方、見物先に時間の制限のある所では、一群の鳥に似た若者たちが飛来しては自転車を道端《みちはし》に置いて目的の場所に飛び込み、また駆《か》け戻《もど》ってくると自転車にまたがっては慌《あわ》ただしく次の目的地に飛び去るのだ。

そんな人々を見ていると、自動車にも自転車にも頼《たよ》らなかった自分の方法の好ましさを僕は改めて認めることができた。それは時間の経済性などといったものとは別の、いわば速度による美学とでもよばれるべき領域に属する問題なのである。

［A］、自動車に乗る人は、自動車の目になって物を見てしまう。自転車を利用する人は、自転車の目を自分から取り外すことができない。そしてそれらの目が歩行する目と大きく違《ちが》うとしたら、それは地上を移動していく速度が異なるからだ。

例えば、［B］、古い土塀《どべい》の表面がはげ落ちた跡にどんな表情が浮《う》かんでいるかを楽しむことができないだろう。［C］、石垣《いしがき》のすきまからはい出している草の、花を咲かせようとする気配を見落としてしまう。［D］、字の消えかかった看板にも、破れた垣根《かきね》の奥《おく》の光景にも、一つ一つ向き合うことができる。今、目の中に入れたものをゆっくりと咀嚼《そしゃく》しながら、考え考え足を運ぶことができる。

それとは逆に、自動車に乗ってスピードを増せば増すほど前方視界が両側から絞《しぼ》られて狭くなることも知られている。

速度によって失われるものは、僕らが考えている以上に大きいのかもしれない。

（黒井千次《くろいせんじ》「美しき繭《まゆ》」）

(1) ――線①とありますが、どのような客ですか。簡潔に書きなさい。（20点）

［　　　］

(2) ――線②と同じ意味で使われているものを次から一つ選び、記号で答えなさい。（15点）

ア 彼《かれ》は、彼女《かのじょ》の言うことがわからないのか首をかしげた。
イ 昨日の疲《つか》れが残っているのか彼は首をかしげた。
ウ やっと終わったというふうに彼は首をかしげた。
エ 彼は黒板に書かれた文字を見ようと首をかしげた。

［　　　］

(3) ［A］に入る接続語として最も適切なものを次から選び、記号で答えなさい。（15点）

ア しかし　**イ** または　**ウ** つまり　**エ** さて

［　　　］

(4) ［B］～［D］に入る言葉として最も適切なものを次からそれぞれ選び、記号で答えなさい。（10点×3）

ア 自転車のペダルを踏《ふ》む人は　**イ** 歩く者は
ウ 自動車で走り去る人には

B［　　　］　C［　　　］　D［　　　］

(5) この文章で筆者が述べようとしているのはどのようなことですか。最も適切なものを次から選び、記号で答えなさい。（20点）

ア いつの時代も、若者は行動的であるものだ。
イ 乗り物は人間の生活に欠かすことはできない。
ウ 最近の観光客のマナーの低下は見逃すことができない。
エ 速度を上げることで失われるものがある。

［　　　］

17 随筆③

合格点 70点
得点　点
解答➡P.73

月　日

次の文章を読んで、あとの問いに答えなさい。

わたしは、食堂で夜を待った。

ちょうど出るべき料理が尽きたころ、ガラス窓の外が真っ暗になっているのに気づいた。

食堂の建物が、この大草原の中でただ一つきりの固定建造物だけに、日本のような人口稠密《ちゅうみつ》の居住環境《かんきょう》に慣らされた感覚ではひどく心もとない。

夜は、例えば、夜になった、というような穏《おだ》やかな表現ですまされるようなものでなく、夜が物理力のようにひたひたと襲《おそ》ってきて、この食堂という、心もとなげな人間の営みを押《お》しつぶそうというような感じだった。

「夜になると、この辺りでも狼《おおかみ》が出ますか。」

と、皿《さら》を片づけに来た少女にきいた。狼はチノーという。モンゴル人民共和国の畜産《ちくさん》業の敵は、依然《いぜん》として古代と同様、狼である。出ますかなどという言い方がわからないから、狼、コノ土地、アリマスカ、と質問した。

「アリマス。」

少女が笑いながら答えたのには、①驚《おどろ》いた。ツェベックマさんがその問答を聞いていて、だいじょうぶですよ、狼なんか、出やしませんよ、と言った。

「ツェベックマさん。別にわたしは怖《こわ》がっているわけではないんです。出たほうがいいと思っています。」

「何言ってるんですか、狼の怖さも知らないくせに。」

「狼、きらいですか。」

「だれが、好きな人がいますか。」

彼女《かのじょ》は、あんないやらしい動物はいない、といったふうに渋面《しぶつら》を作り、チェッチェッと舌を鳴らした。

その切実な表情を見ると、これほど知的な女性でさえ、いかにも大自然の中に生きているという感じで、うらやましく思えた。モンゴルでは狼害《ろうがい》が畜産の成績に少なからぬ影響《えいきょう》をもっているとはいえ、②今日的な価値観でいえば、それだけ大自然を豊富にもっているという誇《ほこ》りにさえなるのではないか。

（司馬遼太郎《しばりょうたろう》「街道をゆく⑤　モンゴル紀行」）

(1)　——線①「驚いた」とありますが、それはなぜですか。その理由として最も適切なものを次から選び、記号で答えなさい。（30点）

ア　少女の受け答えが、とても子供と思えないほどはっきりしていたから。

イ　少女が、狼のことをよく知らないような感じだったから。

ウ　少女が、狼のことを少しも怖がっているような様子がなかったから。

エ　片言しかしゃべれない筆者の言葉が少女に通じたから。

［　　］

(2)　文中には、モンゴルの夜が日本での夜とは全く違《ちが》うことをよく表している部分があります。その部分を探してそのまま抜《ぬ》き出しなさい。（40点）

［　　　　　　　　］

(3)　——線②「今日的な価値観でいえば……誇りにさえなる」とありますが、具体的にどういうことを表していますか。最も適切なものを次から選び、記号で答えなさい。（30点）

ア　今日は、価値観が多様化しているので、大自然を多くもっていることも、ねうちのあることの一つである。

イ　今日は、世界的に自然が減少しているので、大自然が多く残っているということだけでねうちのあることである。

ウ　今日は、自然が多くなってきたので、大自然を多くもっているだけでは、大して意味のあることではない。

エ　今日は、科学の発達に価値を見いだしているので、大自然の資源が多いことは誇ってよいことである。

［　　］

18 随筆④

合格点 80点

得点　　点

月　日

解答➡P.74

次の文章を読んで、あとの問いに答えなさい。

*ノンフィクションの書き手としての私の仕事の中心には、人に会って話を聞くということ、つまりインタヴューをするという作業が常に必須《ひっす》のものとしてある。

相手の人物の経歴や体験、ある事件に関する情報や見解、あるいはひとつの事象に対する知識や感想。すなわち、その人が「知っていること」を喋《しゃべ》ってもらうためにインタヴューをする。

しかし、インタヴューには、相手の知っていることばかりでなく、「知らないこと」まで喋ってもらうという側面が明《あ》きらかに存在する。そんなことをいうと、知らないことなど喋れるはずがない、と反論されるかもしれない。だが、質問を投げかけられることで、その人が①自分でも意識していなかったことを自身の内部に発見して喋ったり、思いがけないことを口走ったりするということは、必ずしも稀《まれ》なことではないのである。

私はインタヴューをすることで口に糊《のり》しているにもかかわらず、インタヴューをされるのが好きではないのだが、それでも年に何回かは応じざるをえなくなる。そのような時、極《きわ》めてすぐれた*インタヴュアーに②遭遇《そうぐう》すると、自分でも意外と思えることを喋っていることがある。そうか、自分はこんなことを考えていたのか、こんなことにこだわっていたのかとあらためて気づかされたりする。それは、どこか、格闘技《かくとうぎ》のプレイヤーたちがすぐれた対戦相手をもった時に③通常とは異なる力量を発揮するのに似たところがある。自分以上の自分になる契機《けいき》を与《あた》えられるのだ。

逆に、自分がインタヴューする側にまわった時、いったいどれほど「自分以上の自分になる」契機を与えることができているかは自信がないが、ともかく、インタヴュアーにとっての喜びは、どうしても口を開いてくれない相手から大事なひとことを聞き出すということと、相手が自分の喋っていることに自分で驚いているという瞬間《しゅんかん》に立ち会えることであるように思われる。

（沢木耕太郎《さわきこうたろう》「不思議の果実」）

＊ノンフィクション＝伝記・紀行など事実に基づいた作品。
＊インタヴュアー＝インタヴュー（インタビュー）をする人。

(1) ――線①「自分でも意識していなかったこと」とありますが、これと同じ意味の言葉を、文中から六字で抜《ぬ》き出しなさい。（20点）

(2) ――線②「遭遇する」の意味として最も適切なものを次から選び、記号で答えなさい。（20点）

ア 予期せずに出会う　イ 理解してもらう
ウ 話を聞いてもらう　エ 誘導《ゆうどう》されてしまう

［　　］

(3) ――線③「通常とは異なる力量を発揮する」と同じ意味で使われている部分を、文中から十字以内で抜き出しなさい。（30点）

(4) この文章の内容を説明したものとして最も適切なものを次から選び、記号で答えなさい。（30点）

ア インタヴューをする時、大切なことは、相手の人物の体験など、「知っていること」を正直に話してもらうことである。
イ インタヴューをする最大の喜びは、口を開いてくれない相手から、まだ知られていない情報を聞き出すことである。
ウ すぐれたインタヴュアーは、相手の人物に「知っていること」だけでなく、「知らないこと」も喋らせることがある。
エ インタヴュアーの仕事は、相手の人物の思いがけないことを聞き出して、ノンフィクションを書くことである。

［　　］

〔新潟―改〕

19 詩①

合格点 80点

得点　　点

月　　日

解答 ➡ P.74

❶ 次の詩を読んで、あとの問いに答えなさい。

鉄棒

村野四郎《むらのしろう》

ぼくは①地平線に飛びつく。
わずかに指さきがひっかかった。
ぼくは世界にぶらさがった。
筋肉だけがぼくの頼《たの》みだ。
②ぼくは赤くなる、ぼくは収縮する。
足が上がってゆく。
おおぼくはどこへ行く。
大きく世界が一回転して
ぼくが上になる。
高くからの俯瞰《ふかん》*
③ああ両肩《りょうかた》に柔軟《じゅうなん》な雲。

＊俯瞰＝高い所から見おろすこと。

(1) この詩の形式を次から選び、記号で答えなさい。(10点)

ア 口語自由詩　**イ** 口語定型詩　**ウ** 文語自由詩　**エ** 文語定型詩

［　　］

(2) ――線①「地平線」とは、何をたとえたものですか。最も適切なものを次から選び、記号で答えなさい。(10点)

ア 走り高跳《たかと》びのバー　**イ** 鉄棒　**ウ** 電車のつり革　**エ** 木の枝

［　　］

(3) ――線②「ぼくは赤くなる、ぼくは収縮する」とは、どういう様子を表していますか。(20点)

［　　］

(4) ——線③「ああ両肩に柔軟な雲」は、「ぼく」のどのような気持ちを表していますか。最も適切なものを次から選び、記号で答えなさい。(10点)

ア 不安な気持ち。　**イ** 満足した気持ち。

ウ 寂《さび》しい気持ち。　**エ** 驚嘆《きょうたん》する気持ち。

❷ 次の詩を読んで、あとの問いに答えなさい。

竹

萩《はぎ》原《わら》朔《さく》太《た》郎《ろう》

光る地面に竹が生え
青竹が生え
地下には竹の根が生え
根がしだいにほそらみ
根の先より繊毛《わたげ》が生え
かすかにけぶる繊毛が生え
かすかにふるへ

かたき地面に竹が生え
地上にするどく竹が生え
まっしぐらに竹が生え
凍《こお》れる節節りんりんと
青空の下に竹が生え
竹　竹　竹が生え

(1) この詩の形式を漢字五字で書きなさい。(15点)

(2) この詩はもともと二つの連からできています。第二連の初めの行を番号で答えなさい。(15点)

(3) ——線「かすかにふるへ」とありますが、何がふるえているのですか。詩の中から抜き出しなさい。(20点)

20 詩②

合格点 80点

得点　　点

月　日

解答 ➡ P.74

次の詩を読んで、あとの問いに答えなさい。

雁《かり》

千家元麿《せんげもとまろ》

暖《あたたか》い静かな夕方の空を
百羽ばかりの雁が
一列になつて飛んで行く
[A]静かな景色の中を、不思議に黙《だま》つて
同じやうに一つ一つセッセと羽を動かして
[B]列をつくつて
静かに音も立てずに横切つてゆく
側《そば》へ行つたら翅《はね》の音が騒《さわ》がしいのだらう
息切れがして疲《つか》れてゐるのもあるのだらう
①彼等《かれら》はみんなが黙つて、心でいたはり合ひ助け合つて飛んでゆく。
前のものが後になり、後ろの者が前になり
心が心を助けて、セッセセッセと
勇ましく飛んで行く。

②その中には親子もあらう、兄弟姉妹も友人もあるにちがひない
この空気も柔《やわら》いで静かな風のない夕方の空を選んで、
一団になつて飛んで行く
③暖い一団の心よ。
天も地も動かない静かさの中を汝《なんぢ》ばかりが動いてゆく
黙つてすてきな早さで
見てゐる内に通り過ぎてしまふ。

(1) この詩に詠《よ》まれている時間帯として最も適切なものを次から選び、記号で答えなさい。(10点)

ア 早朝　イ 昼間　ウ 夕方　エ 夜中

［　　］

(2) この詩から、次の一行が抜《ぬ》けています。入る場所を探し、直前の行の初めの五字を抜き出しなさい。(10点)

・だが地上にはそれは聞えない

(3) A に入る言葉を詩の中から探し、八字で抜き出しなさい。(10点)

(4) B に入る言葉として最も適切なものを次から選び、記号で答えなさい。(10点)

ア 白い　イ 赤い　ウ 青い　エ 黒い

［　　］

(5) ――線①「彼等」の指す内容を、詩の中から五字以上八字以内で抜き出しなさい。(15点)

(6) ――線②「その中には……ちがひない」とありますが、この表現から読み取れるものとして最も適切なものを次から選び、記号で答えなさい。(10点)

ア 願望　イ 疑問　ウ 想像　エ 感動

［　　］

(7) ――線③「暖い一団の心」とありますが、それが説明されている部分を詩の中から十三字で探し、初めと終わりの四字を抜き出しなさい。(15点)

～

(8) この詩の特徴《とくちょう》として最も適切なものを次から選び、記号で答えなさい。(20点)

ア 雁に寄せる思いを、静と動との対照を活かしながら詠《うた》っている。

イ 雁との永遠の別れを、現実と空想を調和させながら詠っている。

ウ 雁の故郷を懐《なつ》かしむ心情を、雁に感情移入しながら詠っている。

エ 雁の仲間や子に対する愛情を、擬人法《ぎじん》を用いながら詠っている。

［　　］

解答➡P.74

次の短歌を読んで、あとの問いに答えなさい。

A いちはつの花咲きいでて我目には今年ばかりの①春行かんとす　正岡《まさおか》子規《しき》

B 春の鳥②な鳴きそ鳴きそあかあかと外《と》の面《も》の草に日の入る夕《ゆうべ》　北原《きたはら》白秋《はくしゅう》

C 幾山河《いくやまかわ》越えさり行かば寂《さび》しさのはてなむ国ぞ今日も旅ゆく　若山《わかやま》牧水《ぼくすい》

D いのちなき砂のかなしさよ
さらさらと
握《にぎ》れば指のあひだより③落つ　石川《いしかわ》啄木《たくぼく》

E おりたちて今朝《けさ》の寒さを驚《おどろ》きぬ露《つゆ》しとしとと柿《かき》の落葉深く　伊藤《いとう》左千夫《さちお》

F 垂乳根《たらちね》の母が釣《つ》りたる青蚊帳《あおがや》をすがしといねつたるみたれども　長塚《ながつか》節《たかし》

G 海恋し潮の遠鳴りかぞへては少女《おとめ》となりし父母《ちちはは》の家　与謝野《よさの》晶子《あきこ》

(1) ――線①「春行かんとす」、②「な鳴きそ鳴きそ」の意味として最も適切なものを次からそれぞれ選び、記号で答えなさい。（10点×2）

① **ア** 春が行ってしまった　**イ** 春が行こうとしている
ウ 春が行けばよいのに　**エ** 春が行かないでほしい
[　　]

② ア 鳴いた鳴いた　イ 鳴かない鳴かない
ウ 鳴け鳴け　エ 鳴くな鳴くな
［　］

(2) Cの短歌は、初句「幾山河」が六音なので、字余りの短歌です。同様に、字余りの短歌をD〜Gの中から二つ選び、記号で答えなさい。（10点×2）
［　］［　］

(3) ――線③「落つ」とありますが、何が「落つ（落ちる）」なのですか。短歌の中から一単語で抜《ぬ》き出しなさい。（10点）
［　］

(4) Eの短歌は、何句切れになっていますか。最も適切なものを次から選び、記号で答えなさい。（5点）
ア 初句切れ　イ 二句切れ　ウ 三句切れ
エ 四句切れ　オ 句切れなし
［　］

(5) Eの短歌は、どの季節を詠《よ》んだものですか。最も適切なものを次から選び、記号で答えなさい。（10点）
ア 晩春　イ 晩夏　ウ 晩秋　エ 晩冬
［　］

(6) Fの短歌に用いられている表現技法として最も適切なものを次から二つ選び、記号で答えなさい。（10点×2）
ア 擬人法《ぎじんほう》　イ 枕詞《まくらことば》　ウ 掛詞《かけことば》　エ 倒置《とうち》　オ 対句《ついく》
［　］［　］

(7) Gの短歌は、結句（第五句）「父母の家」が体言で止まっています。同様に体言止めの短歌をA〜Gの中から選び、記号で答えなさい。（5点）
［　］

(8) 次の説明に合う短歌をA〜Gの中から選び、記号で答えなさい。（10点）
「重い病気の作者は、来年まで生きられないと思っている。」
［　］

次の短歌を読んで、あとの問いに答えなさい。

A　くれなゐ(ア)の二尺伸《の》びたる薔薇《ばら》(イ)の芽(ウ)の針やはらかに春雨(エ)のふる　正岡子規《まさおかしき》

B　白鳥《しらとり》は(a)かなしからずや空の青海のあをにも染まずただよふ　若山牧水《わかやまぼくすい》

C　ふるさとの訛《なまり》なつかし
停車場《ていしゃば》の人ごみのなかに
(b)そを聴《き》きにゆく　石川啄木《いしかわたくぼく》

D　あかあかと一本の道とほりたりたまきはる我が命なりけり　斎藤茂吉《さいとうもきち》

E　隣室《りんしつ》に書《ふみ》よむ子らの声きけば心に沁《し》みて生きたかりけり　島木赤彦《しまきあかひこ》

F　はろばろに澄《す》みゆく空か。裾《すそ》ながく　海より出づる鳥海《ちょうかい》の山　釈《しゃく》迢空《ちょうくう》

G　街をゆき子供の傍《そば》を通る時蜜柑《みかん》の香《か》せり冬がまた来る　木下利玄《きのしたりげん》

H　白菜が赤帯しめて店先にうっふんうっふん肩《かた》を並べる　俵《たわら》万智《まち》

(1)　Aの短歌の＝線**ア**〜**エ**の「の」で、その用法が他と異なるものを一つ選び、記号で答えなさい。(10点)　［　　］

(2) ——線a「かなしからずや」はどういう意味か、簡単に説明しなさい。(10点)

[　　　　]

(3) ——線b「そ」とは何のことですか。短歌の中の言葉で答えなさい。(10点)

[　　　　]

(4) 枕詞《まくらことば》が使われている短歌をD〜Hの短歌の中から一つ選び、記号で答えなさい。また、その枕詞も抜《ぬ》き出しなさい。(5点×2)

[　　][　　　　]

(5) 四句切れの短歌をD〜Hの短歌の中から一つ選び、記号で答えなさい。(10点)

[　　]

(6) 体言止めの短歌をD〜Hの短歌の中から一つ選び、記号で答えなさい。(10点)

[　　]

(7) 次の各文はA〜Hのいずれかの短歌について述べたものです。最も適切な短歌をそれぞれ選び、記号で答えなさい。(10点×4)

① 病気で亡《な》くなる、ほぼ半月前の歌である。幼い子どもたちを思い、このまま生きていたいという作者の切実な願いが、読者の心に響《ひび》いてくる。

② 街を通りかかった時、ふと見た八百屋の店頭の様子でもあろう。擬人法《ぎじんほう》や擬態語を巧《たく》みに用いながら、鮮《あざ》やかな色彩《しきさい》の対照も詠《よ》みこんでいる。

③ 旅先で目にした風景であろう。はるか遠くまで澄《す》みきった空のもと、まるで海から出てきたかのような高山の雄大《ゆうだい》な景色が、目に浮《う》かんでくる。

④ 新しい表現形式で、後世に影響《えいきょう》を与えた歌人の歌である。遠く離《はな》れた故郷が恋しくなった作者は、じっとしてはいられずに駅まで出向いている。

① [　　] ② [　　] ③ [　　] ④ [　　]

23 古文①

合格点 80点　得点　　点

月　日

解答 ➡ P.75

次の古文を読んで、あとの問いに答えなさい。

　うつくしきもの　瓜《うり》にかきたるちごの顔。雀《すずめ》の子の、aねず鳴きするにbをどりくる。二つ三つばかりなるちごの、いそぎてcはひくる道に、いとちひさき塵《ちり》のありけるを目ざとにd見つけて、いとをかしげなるおよびにeとらへて、大人などに見せたる、いとうつくし。頭《かしら》はあまそぎなるちごの、目に髪のおほへるをかきはやらで、うちかたぶきてf物など見たるも、うつくし。
　おほきにはあらぬ殿上童《てんじゃうわらは》の、gさうぞきたてられてありくもうつくし。をかしげなるちごの、あからさまにいだきて遊ばしうつくしむほどに、かいつきてh寝たる、いとらうたし。

（「枕草子《まくらのさうし》」）

(1) 次の歴史的仮《か》名《な》遣《づか》いで書かれた言葉を、それぞれ現代仮名遣いに直し、すべてひらがなで書きなさい。（2点×8）

① はひくる〔　　〕　② ちひさき〔　　〕
③ をかしげ〔　　〕　④ とらへて〔　　〕
⑤ おほへる〔　　〕　⑥ おほき〔　　〕
⑦ さうぞきたつ〔　　〕　⑧ らうたし〔　　〕

(2) 次の古語の意味をあとからそれぞれ選び、記号で答えなさい。（2点×8）

① うつくしき〔　　〕　② ちご〔　　〕
③ をかしげなる〔　　〕　④ および〔　　〕
⑤ いと〔　　〕　⑥ ありく〔　　〕
⑦ あからさまに〔　　〕　⑧ らうたし〔　　〕

ア 歩く　イ 幼児　ウ ちょっと
エ 指　オ かわいらしい　カ たいへん

(3) ――線a～hは、それぞれだれの動作ですか。最も適切なものを次からそれぞれ選び、記号で答えなさい。（2点×8）

ア 雀の子　イ 二つ三つばかりなるちご　ウ 殿上童
エ 筆者　オ あまそぎなるちご　カ をかしげなるちご

a［　］ b［　］ c［　］ d［　］
e［　］ f［　］ g［　］ h［　］

(4) ――線a「ねず鳴きする」の現代語訳として最も適切なものを次から選び、記号で答えなさい。（8点）

ア ねずみの鳴き声をまねする　イ ねずみのまねをさせる
ウ ねずみのように素早く走る　エ ねずみを鳴かせる

［　］

(5) 古文中に、「うつくし」という言葉が省略されたところが二か所あります。どの言葉のあとに、「うつくし」を補えばよいですか。「うつくし」を補う直前の言葉を、それぞれ五字以内で抜《ぬ》き出しなさい。（8点×2）

□□□□□・□□□□□

(6) 「枕草子」は、ものづくしの文学とも言われ、「風流なものは……。」「虫は……。」「木の花は……。」などという形式をとったものがいくつかあります。この文章は何について書かれたものか、現代語で書きなさい。（10点）

［　］

(7) 「枕草子」の①筆者の名前、②書かれた時代、③文章の種類（物語・紀行文・日記など）を、それぞれ答えなさい。（6点×3）

①［　］ ②［　］ ③［　］

合格点 80点
得点　　点
解答 ➡ P.75
月　日

次の古文を読んで、あとの問いに答えなさい。

熊谷《くまがへ》涙《なみだ》をおさへて申しけるは、
A「助けまゐらせんとは存じ候《さうら》へども、味方の軍兵《ぐんびやう》a雲霞《うんか》の如《ごと》く候《さうらふ》。よものがれさせたまはじ。b人手にかけまゐらせんより、同じくは直実《なほざね》が手にかけまゐらせて、後の*御孝養《おんけうやう》をこそつかまつり候はめ。」
と申しければ、
B「ただ*とくとく首をとれ。」
とぞのたまひける。熊谷あまりにいとほしくて、いづくに刀を立つべしともおぼえず、*目もくれ*心も消えはてて、前後不覚におぼえけれども、さてしもあるべきことならねば、泣く泣く首を*かいてんげる。C「あはれ、*弓矢とる身ほど口惜《くちを》しかりけるものはなし。武芸の家に生まれずは、*何とて*かかるうきめをばみるべき。なさけなうも討ちたてまつるものかな。」とかきくどき、袖《そで》を顔におしあててさめざめとぞ泣きゐたる。*やや久しうあって、cさてもあるべきならねば、鎧直垂《よろひひたたれ》をとって、首をつつまんとしけるに、錦《にしき》の袋《ふくろ》に入れたる笛をぞ腰《こし》にさされたる。D「あないとほし、この暁《あかつき》、城《じやう》の内にて管絃《くわんげん》したまひつるは、この人々にて*おはしけり。当時味方に東国の勢何万騎《き》か*あるらめども、いくさの陣《じん》へ笛もつ人はよもあらじ。上臈《じやうらふ》はなほもやさしかりけり。」とて、九郎御曹司《くらうおんざうし》の*見参《げんざん》に入れたりければ、これを見る人涙《なみだ》を流さずといふことなし。

（「平家物語」）

*後の御孝養＝死んだあとのご供養《くよう》。　*とくとく＝早く早く。
*目もくれ＝目もくらみ。　*心も消えはてて＝人心地もなくなって。
*首をぞかいてんげる＝首を切ってしまった。　*弓矢とる身＝武士の身。
*何とて＝どうして。　*かかるうきめ＝このようなつらいめ。
*やや久しうあつて＝かなり長い時間を過ごして。　*おはしけり＝いらっしゃった。
*あるらめども＝あるだろうが。　*見参に入れたりければ＝お目にかけたので。

(1) この文章には、ア熊谷次郎直実《くまがえのじろうなおざね》と、イ平敦盛《たいらのあつもり》が出てきますが、古文中の「　」A～Dはどちらの言葉ですか。ア・イで答えなさい。（5点×4）

A［　　］　B［　　］　C［　　］　D［　　］

(2) ――線aの意味を解答欄《らん》にあてはまるよう、自分で考えて答えなさい。（15点）

数が［　　］様子。

(3) ――線bは、「ほかの人の手で殺すより、自分の手で殺すほうがいい」という意味ですが、なぜこのように述べたのですか。その理由を現代語で書きなさい。（15点）

［　　］

(4) ――線cは、「そうしてばかりもいられないので」という意味ですが、どのようにしてばかりもいられないのですか。現代語で書きなさい。（15点）

［　　］

(5) 次の感想は、それぞれだれのものですか。適切なものをあとからすべて選び、記号で答えなさい。（5点×3）

① 武士の身とは、殺したくない人をも殺さねばならないはめになる。つらいことである。［　　］

② 戦場に笛をもっていく敦盛は、さすがに優雅《ゆうが》なものだなあ。その心を思うと、感動を覚えることだ。［　　］

③ 同じ死ぬなら、堂々と死にたい。［　　］

ア 直実　イ 敦盛　ウ 九郎御曹司や家来たち

(6) 係り結び(の法則)が使われているところを、(例)にならって古文中から四つ抜《ぬ》き出し、係助詞は□で囲み、結びの言葉は――線を引きなさい。（5点×4）

(例) 後の御孝養を[こそ]つかまつり候はめ。

［　　］［　　］

［　　］［　　］

25 古文③

合格点 80点
得点 　点
解答 ➡ P.76
月　日

次の古文を読んで、あとの問いに答えなさい。

高名《かうみやう》の木のぼりといひしをのこ、人をaおきてて、高き木に*のぼせて梢《こずゑ》を切らせしに、いと危ふく見えしほどはいふこともなくて、降るる時に、軒長《のきたけ》ばかりに成りて、

「あやまちすな。心して降りよ。」

とb言葉をかけはべりしを、

「*かばかりになりては、*飛び降るとも降りなん。いかにかく言ふぞ。」

とc申しはべりしかば、

「そのことに候《さうら》ふ。目くるめき、枝危ふきほどは、己が恐《おそ》れはべれば申さず。あやまちは、やすき所に成りて、必ず仕《つかま》ることに候。」

とdいふ。

e*あやしき*下臈《げらふ》なれども、聖人の戒《いまし》めにfかなへり。鞠《まり》も、かたき所を蹴出《けい》だしてのち、やすく思へば、必ず落つとはべるやらん。

（兼好《けんかう》法師「徒然草《つれづれぐさ》」）

*のぼせて＝登らせて。　*かばかり＝これほど。
*飛び降るとも降りなん＝飛び降りても降りられるだろう。
*あやしき＝いやしく。　*下臈＝身分の低い者。

(1) 次の歴史的仮名遣《かなづか》いで書かれた言葉を、それぞれ現代仮名遣いに直し、すべてひらがなで書きなさい。（3点×6）

① いひし［　　］　② をのこ［　　］
③ 危ふく［　　］　④ いふ［　　］
⑤ かなへり［　　］　⑥ 思へば［　　］

(2) ——線a「おきてて」の現代語訳として最も適切なものを次から選び、記号で答えなさい。（3点）

ア 置いて　イ 指図して　ウ 見物させて　エ さしおいて　[　　]

(3) ――線b～dは、それぞれだれの動作ですか。最も適切なものを次から一つずつ選び、記号で答えなさい。(3点×3)

ア 高名の木のぼり　イ 筆者　ウ 木に登っている男　エ 聖人

b[　　] c[　　] d[　　]

(4) ――線e「あやしき下﨟」とは、ここではだれのことですか。古文中から抜《ぬ》き出しなさい。(10点)

[　　]

(5) 有名な木登りの男が、「失敗しないように、注意しなさい。」と声をかけたのは、木に登っていた男がどれくらいのところまで降りてきてからですか。古文中から抜き出しなさい。(15点)

[　　]

(6) 有名な木登りの男は、なぜ木に登っていた男が(5)のところに降りてくるまで注意しなかったのですか。現代語で書きなさい。(15点)

[　　]

(7) 有名な木登りの男が木に登っていた男にしたような注意を四字熟語で表すと、どのようなものになりますか。最も適切なものを次から選び、記号で答えなさい。(10点)

ア 朝三暮四　イ 悪戦苦闘《あくせんくとう》　ウ 以心伝心　エ 油断大敵　[　　]

(8) ――線f「聖人の戒めにかなへり」とありますが、「知識にすぐれた人の教え」にあたる一文を古文中から探し、初めと終わりの四字を抜き出しなさい。(10点)

[　　　　]～[　　　　]

(9) この文章のまとめの段落を探し、初めの三字を抜き出しなさい。(10点)

[　　　]

26 古文④

合格点 80点
得点 点
解答 ➡ P.77
月 日

次の古文を読んで、あとの問いに答えなさい。

仁和寺《にんなじ》にある法師、年寄るまで石清水《いはしみづ》を拝まざりければ、*心うく覚えて、あるとき思ひたちて、ただひとり、*徒歩《かち》よりまうでけり。極楽寺《ごくらくじ》・高良《かうら》などを拝みて、a*かばかりと心得て帰りにけり。

さて、*かたへの人にあひて、「*年ごろ思ひつること、果たしはべりぬ。聞きしにも過ぎて、たふとくこそおはしけれ。*そも、参りたる人ごとに山へ登りしは、何事かありけん、*ゆかしかりしかど、神へ参るこそ*本意《ほい》なれと思ひて、山までは見ず。」とぞb言ひける。

すこしのことにも、*先達《せんだつ》は*あらまほしきことなり。

（兼好《けんこう》法師「徒然草《つれづれぐさ》」）

*心うく覚えて＝残念なことに思われて。
*徒歩よりまうでけり＝徒歩で参詣《さんけい》した。
*かばかりと心得て＝これだけのものと思い込《こ》んで。
*かたへの人にあひて＝仲間に向かって。
*年ごろ＝長年の間。
*そも＝それにしても。
*ゆかしかりしかど＝(それを)知りたかったけれど。
*本意＝本来の目的。
*先達＝案内者。
*あらまほしきことなり＝あってほしいものである。

(1) 次の歴史的仮名遣《かなづか》いで書かれた言葉を、それぞれ現代仮名遣いに直し、すべてひらがなで書きなさい。（5点×4）

① 思ひたちて［　　］　② まうでけり［　　］

③ たふとく［　　］　④ おはしけれ［　　］

(2) ——線a「かばかりと心得て帰りにけり」とありますが、仁和寺にいた法師は何をどのように思って帰ったのですか。それを説明した次の文の X ～ Z に入る言葉を、古文中から抜《ぬ》き出しなさい。（5点×3）

・ X とは Y と Z などのことだと思って帰った。

X［　　］　Y［　　］　Z［　　］

(3) ——線b「言ひける」は、だれの動作ですか。最も適切なものを次から選び、記号で答えなさい。（5点）

ア 仁和寺にある法師　**イ** かたへの人　**ウ** 参りたる人　**エ** 筆者

［　　］

(4) 文中から筆者の感想が述べられている部分を探し、初めの三字を抜き出しなさい。（10点）

□□□

(5) この文章で述べられていることとして最も適切なものを次から選び、記号で答えなさい。（10点）

ア 仁和寺にいたある法師が、長年の間、有名な石清水八幡《はちまんぐう》宮のお参りをしたことがなかったと聞いて驚《おどろ》いたこと。

イ 仁和寺にいたある法師が、長年の間、見たいと思っていた石清水八幡宮の仏様を拝み、念願を果たしたと喜んだこと。

ウ 仁和寺にいたある法師が、有名な石清水八幡宮の一部をお参りしただけなのに、すべてをお参りしたと錯覚《さっかく》したこと。

［　　］

(6) この文章で述べられている教訓を、現代語で書きなさい。（10点）

［　　］

(7) 係り結び（の法則）が使われているところを、（例）にならって十字程度で三つ抜き出し、係助詞は□で囲み、結びの言葉は——線を引きなさい。（10点×3）

（例） たふとく［こそ］おはし<u>けれ</u>。

［　　］

［　　］

［　　］

合格点 80点

得点　　点

解答➡P.77

月　　日

次の古文を読んで、あとの問いに答えなさい。

文義（文の意味）の心得がたきところを、はじめより一々に解せむとしては、①とどこほりてすすまぬことあれば、聞こえぬところ（わからない）は、まづそのままにて過ごすぞよき。

殊《こと》（とりわけ）に世に難《かた》き事にしたるふしぶしを、まづ②しらむとするは、③いといとわろし。ただよく聞こえたる所に心をつけて、深く④味はふべき也《なり》。⑤こはよく聞こえたる事也と思ひて、⑥なほざりに見過ごせば、すべてこまかなる意味もしられず、又《また》おほく⑦心得たがひの有りて、いつまでも⑧其《そ》の誤りをえさとらざる事有る也。

（本居宣長《もとおりのりなが》「うひ山ぶみ」）

(1) ――線①「とどこほりて」、②「しらむ」、④「味はふ」を現代仮名遣《かなづか》いに直し、すべてひらがなで書きなさい。（10点×3）

① [　　　　]　② [　　　　]

④ [　　　　]

(2) ――線③「いといとわろし」の意味として最も適切なものを次から選び、記号で答えなさい。（10点）

ア 悪くはない　イ とてもよい

ウ あまりよくない　エ とても悪い

[　　]

(3) ――線⑤「こはよく聞こえたる事也」の意味として最も適切なものを次から選び、記号で答えなさい。（10点）

ア　これは私が教えたことなのである
イ　これはよくわかっていることである
ウ　子供は親の言葉をよく聞いていることだ
エ　子供は親のふるまいを見て育つことだ
［　　］

(4)　――線⑥「なほざりに」の意味として最も適切なものを次から選び、記号で答えなさい。（10点）
ア　あきらめて　イ　いい加減に
ウ　思い切って　エ　ていねいに
［　　］

(5)　――線⑦「心得たがひ」の意味を書きなさい。（20点）
［　　］

(6)　――線⑧「其の誤りをえさとらざる事」とありますが、これはどのようなことを表していますか。最も適切なものを次から選び、記号で答えなさい。（10点）
ア　文章の意味についての思い違《ちが》いに気づくことができないこと。
イ　文章の内容の一部が間違っていて共感することができないこと。
ウ　文章の各部分における表現の違いを指摘《してき》することができないこと。
エ　文章の評判と印象とが食い違っていて納得《なっとく》することができないこと。
［　　］

(7)　本文で筆者がすすめる文章の読み方として最も適切なものを次から選び、記号で答えなさい。（10点）
ア　はじめの部分は、内容を味わいながら特にていねいに読む。
イ　難しいとされる部分は、細かな意味をよく考えながら読む。
ウ　内容のやさしい部分は、すばやく意味をとらえて読み進める。
エ　意味のわからない部分は、最初はそのままにして読み進める。
［　　］
〔大阪―改〕

28 漢文・漢詩①

合格点 80点
得点 　点
月　日
解答 ➡ P.78

1 次の書き下し文と漢文を読んで、あとの問いに答えなさい。

晋《しん》の国の大臣簡子《かんし》が部下の周舎《しゅうしゃ》を亡《な》くした後の話である。

〔書き下し文〕

簡子朝《てう》（政治を行う）を聴《き》く毎《ごと》に常に悦《よろこ》ばず。大夫《たいふ》（部下の役人）罪を請《こ》ふ。簡子曰《い》はく、「大夫罪無し。吾《われ》聞く、『千羊の皮は一狐《いっこ》（一枚のきつねのわきの毛皮）の腋《えき》に如《し》かず。』と。諸大夫朝する（政務に加わるが）も、徒《た》だ唯唯《いい》（はいという返事）を聞くのみにして、周舎の鄂鄂《がくがく》（率直な意見）を聞かず。是《ここ》（こういうわけで）を以《もっ》て憂《うれ》ふるなり。」と。

〔漢文〕

簡子a毎ニ聴ク朝ヲ常ニ不レ悦バ。大夫請フレ罪ヲ。簡子曰ハク、「大夫無シレ罪。吾聞ク、『千羊之皮ハ不レ如カ二一狐之腋ニ一。』諸大夫朝スルモ、徒ダ聞クノミニシテ二唯唯ヲ一、不レ聞カ二周舎之鄂鄂ヲ一。b是ヲ以テ憂フル也ト。」

（李瀚《りかん》「蒙求《もうぎゅう》」）

(1) ——線a「毎ニ聴ク朝ヲ」に、書き下し文の読み方になるように返り点を付けなさい。（20点）

［ 毎ニ 聴ク 朝ヲ ］

(2) ——線b「是ヲ以テ憂フル也ト」について、次の各問いに答えなさい。（20点×2）

① 「憂」という気持ちは簡子のどのような態度に現れていますか。漢文中から漢字二字で抜《ぬ》き出しなさい。

② このような気持ちを抱《いだ》いた理由として最も適切なものを次から選び、記号で答えなさい。

ア 物の値打ちを見極《みきわ》めることができる者がいなくなったから。

イ 自ら正しいと考えることを遠慮《えんりょ》せずに述べる者がいなくなったから。

ウ 理にかなった意見よりも、声の大きい者の主張が通ってしまうから。

エ 叱責《しっせき》されると知りながら、不愉快《ふゆかい》なことを言う部下がいるから。

［　　］

〔兵庫〕

2 次の漢詩を読んで、あとの問いに答えなさい。

黄鶴楼《くわうかくろう》にて孟浩然《まうかうねん》の広陵《くわうりよう》に之《ゆ》くを送る　李白《りはく》

故人西のかた黄鶴楼を辞し
煙花《えんくわ》三月［　　］
孤帆《こはん》の遠影碧空《ゑんえいへきくう》に尽き
惟《た》だ見る長江《ちやうかう》の天際に流るるを

故 人 西ノカタ 辞シ二 黄 鶴 楼ヲ一
煙 花 三 月 下ル二 ＊揚《やう》 州《しう》ニ一
孤 帆ノ 遠 影 碧 空ニ 尽キ
＊惟ダ 見ル 長 江ノ 天 際ニ 流ルルヲ

＊揚州＝中国にある都市。
＊惟＝ここでは、「唯」の字でも同じ。

(1) この漢詩の形式を何といいますか。（20点）

［　　］

(2) ［　　］にあてはまる、——線「下ル二揚州ニ一」の書き下し文を書きなさい。（20点）

［　　］

〔北海道〕

29 漢文・漢詩②

合格点 80点
得点　　点
解答➡P.78
月　日

1 次の書き下し文を読んで、あとの問いに答えなさい。

＊あうむの他山（ある山）に飛びて集《とど》むる有り。（とどまっていた）山中の＊禽獣《きんじゅう》すなはち相《あひ》貴重す。（とてもよくしてくれた）あうむ自ら念《おも》ふに楽しきといへども、（感じたが）久しくすべからざるなり、と。すなはち去る。後数月、山中に大火あり。あうむ遥《はるか》に見て、すなはち水に入りて羽を濡《ぬ》らし、飛びて之《これ》にそそぐ。天神言ふ、「①汝《なんぢ》、志意有るといへども、何ぞ足らん。」と。対《こた》へて曰《い》はく、「救ふ能《あた》はざるを知るといへども、（救えないとわかっていても）然《しか》るに嘗《かつ》て（以前）この山に僑居《きょうきょ》（滞在）す。（していました）禽獣善を行ひ、皆兄弟《けいてい》たり。②見るに忍《しの》びざるのみ。」と。③天神嘉《よろこ》感し、すなはち為《ため》に火を滅《めつ》す。

（「異苑《いえん》」）

＊あうむ＝「オウム」という鳥のこと。
＊禽獣＝さまざまな鳥や獣《けもの》たちのこと。

(1) ——線①とありますが、これは「お前の気持ちがあるといっても、それで足りるだろうか、足りない。」という意味の、天神の言葉です。この言葉は、誰《だれ》の、どの行為《こうい》に対して言ったものですか。それを説明した次の文の□に入る言葉を、十字以上十五字以内で書きなさい。（25点）

・□行為。

(2) ——線②の読み方になるように、次の漢文に返り点を付けなさい。（25点）

［不《ざル》忍《ビ》見《ルニ》耳《のみ》］

(3) ――線③とありますが、天神が火を消した理由として最も適切なものを次から選び、記号で答えなさい。（30点）

ア 禽獣のために自分にできることを精一杯《せいいっぱい》に行おうとする、オウムのけなげさに感激したから。

イ 善行を重ねながらオウムと兄弟同然につきあおうとする、禽獣の義理堅《ぎりがた》さに感激したから。

ウ ふるさとの山を禽獣とともに大切にしようと心がけた、オウムの一生懸《いっしょうけん》命《めい》さに感激したから。

エ オウムのために思いやりの気持ちを持って親切に接した、禽獣のやさしさに感激したから。

［　　］

〔岩手―改〕

❷ 次の漢詩を読んで、あとの問いに答えなさい。

秋《しう》風《ふうノ》引《いん》　　劉《りう》禹《う》錫《しやく》

何処《いづレノところヨリカ》秋風至ル
蕭《せう》蕭《せうトシテ》送ル二雁《がん》群ヲ一
朝《てう》来《らい》入リ二庭樹ニ一
孤《こ》客《かく》最モ先ニ聞ク

（書き下し文）
何れの処よりか秋風至る
蕭蕭として雁群を送る
朝来［　　］
孤客最も先に聞く

(1) ［　　］にあてはまる書き下し文を書きなさい。（10点）

［　　］

(2) この漢詩の形式を何といいますか。（10点）

［　　］

〔秋田〕

30

仕上げテスト①

合格点 70点

得点　　点

解答 ➡ P.79

月　日

次の文章を読んで、あとの問いに答えなさい。

科学が対象とする現象は、いつでも、どこでも、誰《だれ》でも、それが再現できねばならない。繰《く》り返し実験で同じ現象が生じることが確かめられなければ、普遍性《ふへんせい》があるとは言いがたいのだ。科学の客観性は再現可能性で保証されるのである。しかし、一回きりの現象も扱《あつか》わねばならない場合が多い。宇宙の創成と進化、地球の生成と進化、生物の誕生と進化など、(特に歴史性を問題とする場合)私たちは、一つの例しか知らないし、それを再現してやり直すわけにもいかない。だから、たまたまの偶然《ぐうぜん》による巧《うま》い組み合わせで生じた現象なのか、物理法則に従って必然的な道をたどったのかは明らかではない。だから、①一回きりの現象が科学の対象になるのかならないのかの議論は、これまで何度も繰り返されてきた。

しかしながら、現代では、一回きりであってもそれは必然的に生じた事象であり、研究するに値《あたい》するという合意ができている。偶然のように見える事象であっても必然の過程から位置づけられるはずだから、徹底《てってい》して必然性を追究すれば合理的に説明できるという考え方を採用しているためである。言い換《か》えるなら、自然が歩んだ道は一見偶然に見えるが、論理から外れた［A］はなく、すべて［B］の*範疇《はんちゅう》で説明できると信じているのだ。例えば、地球上における生命の誕生物語は、ある特殊《とくしゅ》な化学物質がたまたま偶然に出会って反応した結果としてではなく、さまざまな組み合わせが試《ため》された上での必然的な産物であるとみなし、それを調べ上げることに*傾注《けいちゅう》する。そうすれば偶然も必然のひとつとなる。(中略)

そこに底流している信念は、「自然の一様性の原理」である。自然界の現象は一見するとバラバラに見え、たまたま例外事象が起こったかのようだが、そこには何らかの規則性があって筋をたどることができ、またそうすることによって因果関係を明らかにできる、と考えるのだ。むろん、これは森羅万象《しんらばんしょう》にわたって成立しているとは限らない。全く偶然に起こった事象が原因となって結果を変えてしまう場合もあり、それを解きほぐすのは簡単ではない。しかし、②果敢《かかん》に挑戦《ちょうせん》して何らかの辻褄《つじつま》を合わせていくのが科学の営みなのかもしれない。

（池内《いけうち》　了《さとる》「科学の限界」）

＊範疇＝同一性質のものが属すべき部類、枠組《わくぐみ》。
＊傾注＝あることに心を集中すること。
＊森羅万象＝宇宙に存在する一切のもの。

(1) ――線①「一回きりの……議論」とありますが、一回きりの現象が科学の対象にならないと考えるのはなぜですか。「一回きりの現象は」に続くように、文中の言葉を使って、二十五字以上三十字以内で書きなさい。（30点）

・一回きりの現象は

(2) A・B に入る言葉を次からそれぞれ選び、記号で答えなさい。（15点×2）

ア 主観　**イ** 客観　**ウ** 偶然　**エ** 必然

A〔　　〕　B〔　　〕

(3) ――線②「果敢に挑戦して……科学の営み」とありますが、それはどういうことですか。「科学の営みとは」に続くように、文中の言葉を使って、四十五字以上五十五字以内で書きなさい。（40点）

・科学の営みとは

〔鳥取〕

31 仕上げテスト②

合格点 70点
得点　　点
解答 ➡ P.79
月　日

次の文章を読んで、あとの問いに答えなさい。

〔マラソン大会の競技中、悠馬《ゆうま》は、昴大《こうだい》が追いついてきたことを知った。〕

悠馬は集中しようとしたが、やっぱり走りづらかった。昴大の気配にあおられて、自分のペースがこわれてしまうのだ。しかも風が強くなり、呼吸もしづらい。昴大に当たるはずの風を、自分が受けてやっているのだと思えば、いらだちもつのってくる。

はっ、はっ、はあっ。

背中ごしに、はげしい息づかいの音がきこえる。短くみだれた昴大の呼吸だ。

「おまえなんかには、絶対負けない」

荒《あら》い息のあいだから、昴大はとぎれがちにそういった。強気なセリフだが、声は弱い。この位置に来るために、かなりの無理をしたのだろう。

そう思ったときには、悠馬の足は踏《ふ》みだしていた。スパートにはまだ早いが、勝手に足が反応したのだ。つかれている相手をふりきれば、精神的なダメージもあたえられる。

「あっ」

案の定、うしろで昴大が、ふいを突《つ》かれたような声をあげた。①悠馬はついてこられないように、一気に前に追いついた。

（中略。その後、悠馬は和弥《かずや》に追いついたが、和弥は足にけがをしていた。）

「そんなんで、走れるのか?」

たずねた悠馬に、和弥はこともなげに答えた。

「②ああ。これはだいじょうぶなアクシデントだ。完走できる」

すげえな。

悠馬は一か月間の練習で、和弥が強くなったわけがわかった気がしていた。

それは、□和弥が練習熱心だということだ。和弥は、毎日欠かさずひたすら走る。けれども、今あらためて、強さのわけを見たような気になった。

あきらめないからなんだな。

悠馬は腕時計《うでどけい》のスイッチを切った。

くやしさはなかった。それよりも、和弥のすごさを見たいと思った。和弥はきっと石にかじりついてもゴールする気なのだ。その瞬間《しゅんかん》、ぎりぎりの苦しさの先にあるものを、和弥といっしょに感じたい。

（まはら三桃《みと》「その先《さき》にあるもの」）

(1) ——線①「悠馬は……追いついた」とありますが、悠馬が、ついてこられないように、一気に前に追いついたのは、昴大に対してどのような意図があったからですか。文中の言葉を使って、三十字以上四十字以内で書きなさい。（30点）

(2) ——線②「ああ。……完走できる」とありますが、この言葉から、悠馬は、和弥がどのような思いでいると考えましたか。このマラソン大会の競技中に悠馬が感じた、和弥の「強さのわけ」にふれながら、文中の言葉を使って、二十五字以上三十五字以内で書きなさい。（40点）

(3) □に入る言葉として最も適切なものを次から選び、記号で答えなさい。（30点）

ア 少しは　イ ともかく

ウ 前より　エ ときには

〔　　〕

〔三重―改〕

32 仕上げテスト③

合格点 80点

得点　　点

解答 ➡ P.79

月　日

次の詩と短歌を読んで、あとの問いに答えなさい。

雑草　　北川冬彦《きたがわふゆひこ》

雑草が
あたり構はず
延び放題に延びてゐる。
この景色は胸のすく思ひだ、
人に踏《ふ》まれたりしてゐたのが
いつの間にか
人の膝《ひざ》を没《ぼっ》するほどに伸びてゐる。
ところによつては
人の姿さへ見失ふほど
深いところがある。
この景色は胸のすく思ひだ、
伸び蔓《はびこ》るときは
どしどし延び拡《ひろ》がるがいい。
そして見栄《みば》えはしなくとも
豊かな花を□咲かせることだ。

葛《くず》の花　踏みしだかれて、色あたらし。この山道を行きし人あり　　釈《しゃく》　迢空《ちょうくう》

(1) ――線a「延びてゐる」、c「伸びてゐる」と使い分けていますが、二つの違《ちが》いは何だと考えられますか。簡単に説明しなさい。（10点）

[　　　　]

(2) ——線b「没する」とありますが、「没」の、ここで用いられている意味と同じ意味の「没」を含《ふく》む熟語を次から一つ選び、記号で答えなさい。(10点)

ア 日没　イ 出没　ウ 没落　エ 病没

[　　]

(3) □に入る言葉として最も適切なものを次から選び、記号で答えなさい。(10点)

ア どつさり　イ はつきり　ウ ゆつたり　エ おつとり

[　　]

(4) 次の文章は、この詩についての浩子《ひろこ》さんの感想です。この文章を読んで、あとの各問いに答えなさい。(10点×4)

・雑草という名の草はない、と言われます。確かに、草にはそれぞれ固有の名があって、雑草という名はありません。雑草と呼ばれるのは、それらの草の[W]が良くないためです。そして、そのために[X]たりします。しかし、作者は、雑草の[Y]をたたえて、この詩を作ったのだと思います。そういう思いが、[Z]という言葉に表れていると、私は感じました。

① [W]・[X]・[Z]に入る言葉を詩の中から抜《ぬ》き出しなさい。ただし、[W]は三字、[X]は五字、[Z]は四字とします。

W[　　　]

X[　　　　　]

Z[　　　　]

② [Y]に入る言葉として最も適切なものを次から選び、記号で答えなさい。

ア 忍耐力《にんたい》　イ 行動力　ウ 持久力　エ 生命力

[　　]

(5) 「葛の花」の短歌の表現上の特徴《とくちょう》は何ですか。簡潔に説明しなさい。(10点)

[　　　　　　　　]

(6) 次の文章は、この短歌についての宏一《こういち》さんの感想です。この文章を読んで、[X]・[Y]に入る言葉を短歌の中から抜き出しなさい。(10点×2)

・作者は、踏み荒《あ》らされた葛を見て、その花の[X]がまだ新しいので、自分と同じように、この[Y]を歩いた人がいたのだなと感じたのでしょう。孤独《こどく》な旅人の、つかの間のほっとした気持ちが、私には感じられます。

X[　　]　Y[　　]

合格点 80点

得点　　点

解答➡P.80

月　日

1 次の文章を読んで、あとの問いに答えなさい。

Aの文章は、Bの漢詩の内容を踏《ふ》まえて書かれたものです。

A　曽参《そうしん》、ある時、山中へ薪《たきぎ》を取りに行き侍《はべ》り。母留守にゐたりけるに、親しき友来《きた》れり。これをもてなしたく思へども、曽参は内にあらず、もとより家貧しければ、①かなはず、②曽参が帰れかしとて、みづから指を噛《か》めり。曽参、山に薪を③拾ひゐたるが、④にはかに胸騒《むなさわ》ぎしけるほどに、急ぎ家に帰りたれば、母、*ありすがたをつぶさに語り侍り。かくのごとく、指を噛みたるが、遠きにこたへたるは、⑤一段孝行にして、親子の情深きしるしなり。

＊ありすがた＝ありのまま。

B

母指纔方噛　　母《ぼ》指《し》纔《わづ》かに方《まさ》に噛む　……ア

児心痛不禁　　児《じ》心《しん》痛《いた》んで禁《きん》ぜず　……イ

負薪帰来晩　　薪を負うて帰来《きらい》晩《おそ》し　……ウ

骨肉至情深　　骨肉至情深し　……エ

（「御伽草子集《おとぎぞうししゅう》」）

(1) ——線①「かなはず」とありますが、どうしてですか。二十字以内の現代語で書きなさい。（20点）

(2) ——線②「曽参が帰れかしとて」の意味として最も適切なものを次から選び、記号で答えなさい。（10点）

ア 母親は、曽参は帰ってくるだろうと喜んで

イ 母親は、曽参が帰ってきたらいやだと思って

ウ 母親は、曽参に帰ってきてほしいと願って

エ 母親は、曽参が帰ってこないことに安心して

［　　］

(3) ——線③「拾ひゐたる」を現代仮名遣《かなづか》いに直し、すべてひらがなで書きなさい。(10点)

〔　　　　〕

(4) ——線④「にはかに胸騒ぎしけるほどに」と対応している句は、Bの漢詩のどの句ですか。漢詩の句の下に付した記号で答えなさい。(10点)

〔　　　　〕

(5) ——線⑤「一段孝行にして、親子の情深きしるしなり」とありますが、これはどのようなことに対する作者の考えですか。最も適切なものを次から選び、記号で答えなさい。(10点)

ア 母親のために、曽参が遠くまで薪を取りに行ったこと。
イ 母親が曽参に、友人の来訪をありのままに伝えたこと。
ウ 母親が自分の身をさしおいて、曽参の身を心配したこと。
エ 母親の強い思いが、離《はな》れた所にいる曽参に通じたこと。

〔　　　　〕

〔栃木〕

2 次の文章を読んで、あとの問いに答えなさい。

〔李広《りこう》は弓の名人で、以前、勇猛《ゆうもう》な虎《とら》をたった一矢で射止めたことがある。〕

また*冥山《めいざん》の陽《みなみ》に猟《かり》す。また□、矢を没《ぼつ》して羽を飲む。進みてこれをみるにすなはち石なり。その形、虎に類す。退きてさらに射るに、*鏃《やじり》破れ*幹《みき》折れて石は傷つかず。

余、かつてもつて*揚子雲《やうしうん》に問ふ。子雲曰《い》はく、「至誠あれば、すなはち*金石ために開く。」と。

(「西京雑記《せいけいざつき》」)

*冥山＝山の名。
*鏃＝矢の先端のとがった部分。
*幹＝矢の先端と羽根を除く棒状の部分。
*揚子雲＝中国古代の学者。
*金石＝金属や石のような硬《かた》いもの。

(1) □に入る言葉の、もとの漢文は「見《み》二臥《が》虎《こ》ヲ一射ルニレ之《これ》ヲ」です。この部分の漢字仮名交じりの文として最も適切なものを次から選び、記号で答えなさい。(「臥虎」とは、「寝《ね》そべっている虎」のことです。)(10点)

ア　臥虎を射るにこれを見
イ　臥虎を見これを射るに
ウ　これを射るに臥虎を見
エ　これを見臥虎を射るに
［　　］

(2) 次の会話は、この文章について、授業で話し合ったときの内容の一部です。これを読んで、あとの問いに答えなさい。

Xさん　「矢を射て近寄ってみたら、□だったとは驚きだね。」
Yさん　「しかも、矢が深く突《つ》き刺《さ》さっていたなんてね。」
Xさん　「でも、二度目の矢は刺さらなかったね。なぜかな。」
Zさん　「射る前から□だと分かっていたからだと思う。常識的に考えたら矢を深く突き刺すことなどできるわけがないよね。」
Yさん　「揚子雲という人は『至誠あれば、すなはち金石ために開く。』と言っているね。」
Zさん　「漢和辞典で意味を調べたら、『至誠』には『このうえなく誠実な心。まごころ。』とあるよ。」
Xさん　「なるほど。心から虎だと信じる、誠実で純粋《じゅんすい》な気持ちがあったからこそだね。」

① 会話文の□にあてはまる言葉として最も適切なものを、文章中から一字で抜《ぬ》き出しなさい。(10点)
［　　］

② ――線「至誠あれば、すなはち金石ために開く」とありますが、揚子雲は李広の体験から、人間の生き方や考え方に関してどのようなことを言おうとしていますか。会話文の内容をふまえ、四十字以内で書きなさい。(20点)

〔福島〕

解答編

国語読解2年

1 説明文・論説文①

(1) ア
(2) (例)客観的な原理に基づいて制作された作品。(19字)
(3) 実体の美　(4) イ　(5) イ

解説　(1)前後の内容が並んでいる。(2)「そのような原理に基づいて作品を制作すれば」とあるから、文末が「作品。」になるようにまとめる。(3)——線②の思想による美と比べて、日本の美を「『実体の美』」に対して、『状況の美』」と表していることに着目する。(4)直前の「彫刻作品そのものがまさしく『美』を表すものとなる」に着目して選ぶ。

2 説明文・論説文②

(1) 相手を思いやる気遣い
(2) ウ　(3) 人とやりとりする中(9字)
(4) イ　(5) 敬語の使い方

解説　(1)「言葉遣いに配慮することは、相手を思いやる気遣いから生まれます。言葉は『形』ですが、その元にある心遣いが、重要なのです」に着目する。(2)相手を思いやる「気持ちが薄れ」たために「無礼な言い方」になるという文脈である。(3)「特に人とやりとりする中から大いに学び」とあることに着目する。(4)「言葉遣いに配慮することは、相手を思いやる気遣いから生まれます」などに着目して、敬語は「あくまで人を敬う」ことを理解する。(5)「言葉遣いを良くするためには、やはり敬語の使い方がポイントになります」とある。

3 説明文・論説文③

(1) ア　(2) 省略、欠落
(3) (例)省略されている部分を予想することができる(20字)
(4) イ　(5) ウ

解説　(1)「この筋道がしっかりはっきりしていないと、話が通じにくく、誤解を招きやすい」とあるから、「『線』的なもの」とは、筋道が整っていて、話が通じるものだとわかる。(2)話を「部分的に省略、欠落させる」ため、論理に部分的風化がおこるのである。(3)線的筋道が「点」になるのは、身近な同士では話を省略しても、その部分の予想ができるからである。(4)法律や法廷ではことばの省略や欠落があっては困るので、「線的傾向がきわめて強い論理」が求められるのだ。(5)線的論理や点的論理について述べられている。つまり、「話の筋道としての論理」が話題である。

4 説明文・論説文④

(1) では、なぜ

(2) 乾燥・寒冷化

(3) (例)完全に移動するための道具にすることで、手が自由に使えるようになった(33字)

(4) ウ (5) イ

解説 (1)「では、なぜヒトは過酷な平原・サバンナに進出していったのか」に着目する。(2)「実はその時代、地球上では乾燥・寒冷化が進んでおり」とあり、ここから地球の環境変化が読み取れる。(3)ヒトは「足を、完全に移動するための道具にしてしまった」ことで、手を「自由に使えるようになった」のである。(4)「この頃の類人猿は、二足歩行をしつつ、木登りもできるような体つきをしている」ことを、直後の段落で説明し直している。(5)イは、人間の足の進化の説明として正しい。

5 説明文・論説文⑤

(1) ウ

(2) X・Y…ア Z…キ

解説 (1)A…「作品には質的な高さが要求され」るのは言うまでもないということで「もちろん」、B…どちらかと言えばという意味の「むしろ」が入る。(2)従来の単純反復労働によるもの造りは「完成が最終目的」だったが、現代のもの造りでは「目的が手段によって修正を迫られることも少なくない」のだ。

6 説明文・論説文⑥

(1) ウ (2) ア・イ

解説 (1)筆者は「人がやっているすべての仕事をコンピュータが奪ってしまうのでしょうか」という危惧に対し、最後に「実は深い思考が一番重要」と、私たちが求められていることをまとめている。

7 説明文・論説文⑦

(1) A…イギリス B…ドイツ
C…アメリカ D…フランス
E…カナダ F…オーストラリア

(2) ウ

(3) X…個人会社 Y…税金

解説 (1)空所の前後の数値と、表中の数字を比較して考えればよい。Aは、一九七〇年に自給率が四六%だったのはスイスとイギリスであるが、最新の数値で七〇%になっているのはどちらの国かを表から読み取ることで、イギリスが入るとわかる。(2)選択肢で挙がっている国の、一九六一年から二〇〇三年への改善率をとらえればよい。イギリスは、四二が七〇になっているので、改善率は一六六・七%。同じように計算すると、カナダは一四二・二%、イタリアは六八・九%、日本は五一・三%である。(3)

本文の後半の内容を捉《とら》える。日本では、農家は「一種の個人会社」のように考えられており、農家が農業を廃業しても国や地方自治体が干渉することはほとんどないと書かれている。ヨーロッパでは、食料は国民の命綱であり、その命綱を作り出しているのは農家なのだから、税金を農家に使うのだと書かれている。

8 小説①

(1)ウ　(2)ア　(3)ア

解説 (1)騎手が馬と一つのからだになったかのように巧みに乗りこなすことを「人馬一体」と表す。(2)ハルオジは「言葉を知っていても、体験していなければ、知識にすぎない」といっている。(3)②は「血統とか、生まれがどうとか」にこだわる人間への非難が込められ、③は自分の行動を卑下《ひげ》するハルオジの気持ちが込められている。

9 小説②

(1)ア　(2)十六歳の時

(3)(例)露地の掃除を命じられたのに、そこにはちり一つ落ちていなかったから。(33字)

(4)エ　(5)さすがに武

解説 (1)「紹鷗を訪ねるまで、宗易は、紹鷗が直ちに自分の点前をどの程度か見てくれるものと、信じて疑わなかった。そして内心、その自分の点前に、紹鷗は賛嘆するであろうことを期待してきた」に着目する。(2)——線②の直後に「紹鷗は衝いた」とあるので、紹鷗の発言の中から抜き出す。(3)宗易は紹鷗から「露地の掃除」を命じられたのだが、露地には「ちり一つ、木の葉一枚落ちていな」かったので、何をしたらいいのか、わからなかったのである。(4)「(掃除ごときことならば……)」という宗易の思いに合うのは「思い上がり」である。(5)「さすがに武野紹鷗である」の「さすがに」には、紹鷗を並の人物ではないと思っている宗易の気持ちが込《こ》められている。

10 小説③

(1)(例)斉藤多恵の姿を見られるかもしれないと期待する気持ち。

(2)エ

(3)ピアノの音が、まるで虹色の小さなシャボン玉となって、窓から入りこむそよ風にふわふわと軽やかに浮かびながら次々に生まれでているかのようだった。音が目にみえるかのようだった。

(4)イ　(5)ア

解説 (1)——線①の直前「ロビーにいるわけはないと……期待して」に着目。ロビーに斉藤多恵の姿はないだろうと思いながらも、もしかしたらいるかもしれないと期待しているのである。(2)直後の「立ったまま耳をすませている人もいた。」に着目し、似た意味のものを選ぶ。(5)「はにかむ」とは、うつむいたり微笑《ほほえ》んだりして恥ずかしそうにする、という意味。

11 小説④

(1)(例)戻れないふるさとの話を聞いても仕方がないと思ったから。

(2)ア

(3)(例)草原で生きることができなくても、子供達がライオンとしての誇りをもって生きることを望んでいた。(46字)

(4)草原の話を聞かせてあげて

解説 (1)「詮方ない」とは、仕方がないという意味。ふるさとの話を聞いてもふるさとに戻れることはありえないので、「詮方ない」と思ったのである。(2)「涸れ尽きていたはずの記憶は、子供らに語るうちに掘り起こされた」に着目する。このことが「私」が子供達に知らせたいことが変化した理由である。(3)「晒し物でも見世物でもない矜持を、きっと持つことができるから」に着目する。ここから、子供達にライオンとしての誇りを持って生きてほしいという「私」の望みが読み取れる。(4)「妻は私に懇願した。草原の話を聞かせてあげて、と」の「と」が引用を示す助詞であることから考える。

12 小説⑤

(1)一個の物体

(2)風は斜面の左手から吹きつけて、たえず雪けむりが下方の空間を埋めている。

(3)(例)いくら大声で叫んでみても、それがどうなるものでもないことに気づいたから。

(4)(例)ピッケルにしがみつくこと。

(5)ア

解説 (1)小坂が落ちて行くときの様子を述べている部分を探す。(5)情景描写や行動の描写が簡潔で、イメージしやすいので、**ア**があてはまる。

13 小説⑥

(1)エ　(2)表記　(3)ウ　(4)イ

(5)とても大切なこと

解説 (1)自分の感情を飾《かざ》ることなく、ありのままに表していることを、東子は「まっすぐすぎて」と感じている。(2)富士は、相手チームの句について「争点は、表記はこれでいいのかということに終始し」たことを、「些末なことだった」と述べている。(3)「どの言葉にも置き換えられない」ということは、どうしてもその言葉でなければならないという「必然性」があったということである。(4)「あの場でどう突っ込めばよかったんでしょう」と悩《なや》んでいる東子にとって、「突っ込まずに、すなおに共感したと言ってもよかったのではないですか？」という、富士の言葉は意表をつくものだったのである。(5)「なんだか今、とても大切なことを言ってもらっている気がする」に着目する。

14 小説⑦

(1) エ　(2) ア

(3) よごれ物のつまれた　(4) ウ

解説 (1)「だれもまんぞくにごはんのたける人、洗たくのできるものはいなかった」に着目する。(2)来る予定のなかった、おばさんがやってきた様子を表す言葉だから、「突然」がふさわしい。(3)おばさんは、「よごれ物のつまれた家の中」の様子を目にしてびっくりしたのだ。(4)お母さんは、何もできない家の人たちのことをかばおうとしたのである。

15 随筆①

(1) ①除雪の手間がいらない(。)

②寒さが大地にじかにしみとおる(。)

(2) (例)人の背の高さくらいの深さ。

(3) (例)大地がよみがえらないため、農作業ができないから。

(4) 稲作には～出荷できない

(5) エ

解説 (1)①雪が多いと、人や車が通行できるように雪かきをしなければならないのである。②「雪は一種の大地の防寒衣」なので、雪が少ないと地面の中まで凍ってしまうのである。(3)道東は雪が少ないので「シバレがきつい」と「大地がよみがえら」ず、「農作業ができない」ということの二点をおさえる。(5)「大地のシバレがすっかりなくなり……道東ではかなり時間がかかる」「春の訪れが極端に遅くなり」に注目する。

16 随筆②

(1) (例)ハイヤーやタクシーの中から観光する客。

(2) ア　(3) ウ

(4) B…ウ　C…ア　D…イ

(5) エ

解説 (3)「速度による……属する問題」について、「自動車に乗る人」「自転車を利用する人」に分けてくわしく説明していることから、説明・補足の接続語が入るとわかる。(5)繰り返し出てくる「スピード」「速度」という言葉や、最後の段落に注目する。

17 随筆③

(1) ウ

(2) 夜が物理力のようにひたひたと襲ってきて、この食堂という、心もとなげな人間の営みを押しつぶそうというような感じ(だった。)

(3) イ

解説 (1)狼が出るか、という筆者の質問に「少女が笑いながら答えた」から驚いたのである。(2)モンゴルの夜は、「穏やかな表現ですまされるようなものでなく」、「ひたひたと襲って」くるような真の闇に閉ざされてしまうのである。(3)筆者がツェベックマさんの表情を見て抱いた感想に注目。

18 随筆④

(1) 知らないこと (2) ア
(3) 自分以上の自分になる (4) ウ

解説 (3)「通常とは異なる力量を発揮する」とは、いつもの実力以上の力を発揮するという意味である。(4)第二段落と第四段落の内容から考える。第五段落に「大事なひとこと」とはあるが、「まだ知られていない情報」という記述は本文にないので、イは間違い。

19 詩①

❶ (1) ア (2) イ
(3) (例)力を入れて、足がだんだん上に上がっていく様子。
(4) イ
❷ (1) 口語自由詩 (2) 8
(3) 織毛

解説 ❶ (3)題名や3行目、6行目から考える。(4)直前の「高くからの俯瞰」から、逆上がりに成功したとわかる。
❷ (1)口語体で書かれているので、口語詩である。また、行数や音数に決まりがないので、自由詩である。(2)1行目と8行目が「……地面に竹が生え」と似た表現になっている。

20 詩②

(1) ウ (2) 息切れがし
(3) 天も地も動かない (4) エ
(5) 百羽ばかりの雁 (6) ウ
(7) 心でいた～け合つて (8) ア

解説 (2)脱文《だつぶん》の「それ」とは、雁が、静かな夕方の空でたてている音である。(6)「…あらう」「…あるにちがひない」から考える。(7)作者は、雁が「心でいたはり合ひ助け合つて」飛んでいると想像している。(8)地上の「静」と空を飛ぶ雁の「動」が対照的に詠まれている。

21 短歌①

(1) ①イ ②エ (2) D・E (3) 砂
(4) ウ (5) ウ (6) イ・エ
(7) B (8) A

解説 (2)Dの第二句が八音、Eの結句(第五句)が九音の、字余りである。(6)「垂乳根の」が、「母」「親」にかかる枕詞で、「すがしといねつ／たるみたれども」の部分が倒置である。(8)Aの第四句「今年ばかりの」から、来年の春は迎えられないだろうという作者の気持ちが読み取れる。

22 短歌②

(1) エ

(2) (例)悲しくはないのだろうか

(3) ふるさとの訛

(4) D・たまきはる　**(5)** G　**(6)** F

(7) ①E　②H　③F　④C

解説 **(1)**「春雨のふる」は、「春雨がふる」と同じで、「の」は主語を表している。**(3)**「そ」とは「それ」で、「ふるさとの訛(発音、アクセント)」を指している。**(4)**「たまきはる」(発音は「たまきわる」)は、「命」「世」「うち(内)」などにかかる枕詞である。**(7)**②Gと間違わないこと。「白菜が赤帯しめて」に擬人法が見られ、また、色彩の対照も読み取ることができる。④石川啄木は、三行に分けて書くという表現形式を始めた歌人である。

23 古文①

(1) ①はいくる　②ちいさき　③おかしげ　④とらえて　⑤おおえる　⑥おおき　⑦そうぞきたつ　⑧ろうたし

(2) ①オ　②イ　③オ　④エ　⑤カ　⑥ア　⑦ウ　⑧オ

(3) a…エ　b…ア　c…イ　d…イ　e…イ　f…オ　g…ウ　h…カ

(4) ア

(5) ちごの顔・をどりくる

(6) (例)かわいらしいもの。

(7) ①清少納言　②平安時代　③随筆

解説 **(4)**筆者がねずみの鳴き声をまねて雀の子を呼ぶと、近づいてくるのである。**(6)**最初に「うつくしきもの」と書かれていることに注目する。

現代語訳 かわいらしいもの　瓜に書いた幼い子供の顔。雀の子が、ねずみの鳴き声をまねすると踊《おど》るように来る(のもかわいらしい)。二、三歳ぐらいの幼い子供が、急いではって来る道に、とても小さい塵があったのを目ざとく見つけて、とてもかわいらしい指でつまんで、大人などに見せるのも、とてもかわいらしい。髪型はあまそぎである幼い子供が、目に髪がおおったのをかき上げもしないで、不思議そうに首をかしげて見るのも、かわいらしい。

大きくない(年少の)昇殿を許された少年が、立派な衣装で飾りたてられて歩くのもかわいらしい。かわいらしい幼い子供が、ちょっと抱いて遊ばせあやしているうちに、抱きついて寝たのは、とてもかわいらしい。

24 古文②

(1) A…ア　B…イ　C…ア　D…ア

(2) 多い

(3) (例)死後のご供養ができるから。

(4) (例)泣いてばかりもいられない。

(5) ①ア　②ア・ウ　③イ

(6) とぞのたまひける。
首をぞかいてんげる。

さめざめとぞ泣きゐたる。

笛をぞ腰にさされたる。（順不同）

解説 (6)「係り結び（の法則）」とは、係助詞「ぞ・なむ・や・か・こそ」を使うことで、文の終わりの述語が連体形または已然《いぜん》形になる決まりのこと。

現代語訳 熊谷が涙をおさえて申し上げたことには、

「助け申し上げようとは存じますが、味方の軍勢が、雲か霞《かすみ》のようにおります。決してお逃げになれないでしょう。他の者に手をかけ申すようなことになるより、同じことならば直実の手におかけ申して、死んだあとのご供養をこそしてさし上げましょう。」

と申し上げたところ、

「ただ、早く早く首を取れ。」

と（若武者は）おっしゃった。熊谷はあまりに（若武者が）かわいそうで、どこに刀を立てたらよいかもわからず、目もくらみ人心地もなくなって、前後もわからなく思われたが、そうしてばかりでいられることでもないので、泣く泣く首を切ってしまった。「ああ、武士の身ほど残念なものはない。武芸の家に生まれなければ、どうしてこのようなつらいめに遭《あ》うことがあろう。情けなくも討ち申し上げたものだな。」と恨みごとをくどくど言い、袖を顔に押し当ててさめざめと泣き続けた。かなり長い時間を過ごして、そうしてばかりもいられないので、鎧直垂を取って、（若武者の）首を包もうとしたところ、錦の袋に入れた笛を腰に差していらっしゃった。「ああかわいそうに、この夜明け前、城の内で管弦の演奏をなさっていたのは、この人々でいらっしゃったのだ。今味方に東国の軍勢が何万騎かあるだろうが、戦の陣へ笛を持つ人はよもやあるまい。上流の人はやはり優雅なことであった。」と言って、九郎の御曹司義経のお目にかけたので、これを見る人は涙を流さぬということがない。

25 古文③

(1) ①いいし　②おのこ
③あやうく　④いう
⑤かなえり　⑥おもえば

(2) イ　(3) b…ア　c…イ　d…ア

(4) 高名の木のぼり（といひしをのこ）

(5) 軒長ばかり

(6) (例)高い所では自分が注意しているから。

(7) エ

(8) あやまち～とに候。

(9) あやし

解説 (2)直後に「高き木にのぼせて梢

を切らせしに」と続いていることから考える。(9)実際にあったできごとと、それに対する筆者の意見という構成である。

現代語訳　木登りの名人といった男が、人を指図して、高い木に登らせて梢を切らせたときに、とても危なく見えたうちはいうこともなくて、降りるときに、軒の高さぐらいになって、

「失敗するな。用心して降りなさい。」

と言葉をかけましたのを、

「これほどになっては、飛び降りても降りられるだろう。どうしてそのようなことを言うのか。」

と申しましたところ、

「そのことでございます。目が回るくらい高く、枝が危ないうちは、自分の恐れがございますので申し上げません。失敗は、たやすくできるところになって、必ずしでかすものでございます。」

という。

いやしく身分の低い者であるが、聖人の戒めに一致している。蹴《け》鞠も、難しいところを蹴り出したあと、安心だと思っていると、必ず落とすとかいわれているようです。

26 古文④

(1) ①おもいたちて　②もうでけり　③とうとく　④おわしけれ

(2) X…石清水　Y…極楽寺(高良)　Z…高良(極楽寺)

(3) ア　(4) すこし　(5) ウ

(6) (例)ちょっとしたことにも、案内者はあってほしいものである。

(7) 何事[か]ありけん、・神へ参る[こそ]本意なれ・と[ぞ]言ひける。(順不同)

解説　(2)仁和寺の法師がお参りしたいと思っていた場所と、実際にお参りした場所をおさえる。(4)・(6)筆者の感想＝この文章のまとめである。

現代語訳　仁和寺にいたある僧が、年をとるまで石清水八幡宮をお参りしたことがなかったので、残念なことに思われて、あるとき思い立って、ただ一人で、徒歩で参詣した。極楽寺・高良(大明神)などを拝んで、これだけのものと思い込んで帰ってしまった。

さて、仲間に向かって、「長年の間思っていたことを、果たしました。聞いていたにもまさって、尊くあられました。それにしても、参詣に来た人々がみな山へ登っていったのは、何事かあったのでしょうか、(それを)知りたかったけれど、神に参詣することこそが本来の目的であると思って、山の上までは見ていません。」と言った。

ちょっとしたことにも、案内者はあってほしいものである。

27 古文⑤

(1) ①とどこおりて　②しらん　④あじわう

(2) エ　(3) イ　(4) イ　(5) 思い違い　(6) ア　(7) エ

解説 (2)「いと(とても)」を強調した「いといと」と「わろし(よくない)」で、「とても悪い」という意味になる。(6)「其の誤り」の「其の」が指す内容を読み取る。「心得たがひの誤り」となる。(7)第一段落の内容から考えていく。

現代語訳 文の意味の理解しがたいところを、初めから一つ一つ理解しようとしては、つかえて前に進まないことがあるので、わからないところは、まずはそのままにしてやり過ごすのがよい。

とりわけ世間で難しいことにしている事ごとをまず知ろうとするのは、とても悪い。ただ、よくわかっていることに着目して、深く味わうべきである。これはよくわかっていることであると思って、いい加減に見過ごせば、まったく細かいところの意味もわからず、また、多く思い違いがあって、いつまでもその間違いに気づくことができないことがあるというものだ。

28 漢文・漢詩①

❶ (1) 毎ニレ聴クレ朝ヲ　(2) ①不悦　②イ

❷ (1) 七言絶句　(2) 揚州に下る

解説 ❶ (1)書き下し文と対応させせる。一字ずつ返っているので「レ点」を使う。(2)①初めの一文に、簡子の態度が述べられている。「常に悦ばず」とあるが、漢文の中から抜き出すので「不悦」になる。

❷ (1)七字・四句の形式である。(2)一・二点があるので注意する。

現代語訳 ❶ 簡子は政治を行うたびに、常に喜ばなかった。それで、部下の役人が罪を望んだ。簡子が言うには、「あなた方に罪はない。私は次のように聞いている。『千匹の羊の皮も一枚のきつねのわきの毛皮に及ばない』と。あなた方は政務に加わっているが、私はただ、はいという返事を聞くだけで、周舎のような率直な意見を聞くことがない。こういうわけで、私は心を痛めているのだ。」と。

❷ 旧友は黄鶴楼を去り／かすみがたなびく三月、揚州に行く／ただ一そうの帆かけ船は青空のかなたに消え／あとはただ見えるだけだ、長江が地平線まで流れているのが

29 漢文・漢詩②

❶ (1) (例)オウムの、大火を消そうとした(14字)　(2) 不《ざ》ルレ忍ビレ見ルニ耳《のみ》　(3) ア

❷ (1) 庭樹に入り　(2) 五言絶句

解説 ❶ (1)天神の言葉なので、オウムに言っていることになる。オウムは、羽を濡らし、その水で火を消そうとして

いる。(3)直前のオウムの言葉に着目する。

❷ (1)一・二点がついているので、「庭樹」から先に読む。(2)五字・四句の形式である。

現代語訳 ❶ オウムがある山に飛んでとどまっていた。山中のさまざまな鳥や獣《けもの》たちが、すぐにとてもよくしてくれた。オウムは自分でも楽しかったと感じたが、ずっとこのままとどまってはいけないと思った。そこで、去ることにした。数か月経って、山中に大火があった。オウムは遠くから見て、すぐに水に入って羽を濡らし、飛んで行って山に(羽の)水をそそいだ。天神が言った。「お前の気持ちがあるといっても、それで足りるだろうか、足りない。」と。オウムが答えて言うには、「救えないとわかっていても、それでも、私は以前にこの山に滞在していました。動物たちは正しい行いをし、みな兄弟です。私は、見ているだけでは忍びなかっただけです。」と。天神は感動して、そのためにすぐに火を消すことにした。

❷ どこから秋風が吹いてくるのだろうか／もの寂しげに吹いて雁の群れを送っている／(秋風が)今朝庭の木々の間に入ってきたのを／一人寂しい旅人が最初に聞きつける

30 仕上げテスト①

(1) (例)再現することができないため、科学の客観性が保証されないから。(30字)

(2) A…**ウ**　B…**エ**

(3) (例)一見バラバラに見える自然界の現象に対して、何らかの規則性を見つけて、因果関係を明らかにしていくこと。(50字)

解説 (1)第一段落に、「科学の客観性は再現可能性で保証されるのである」とある。

31 仕上げテスト②

(1) (例)つかれている昴大をふりきれば、精神的なダメージをあたえられるという意図。(36字)

(2) (例)あきらめないで、石にかじりついてもゴールするという思い。(28字)

(3) **イ**

解説 (1)悠馬が、昴大を引きはなそうとした理由を考える。文末は「……意図」にする。(2)最後の段落の「和弥はきっと……ゴールする気なのだ」に着目する。

32 仕上げテスト③

(1) (例)「延びる」は横に、「伸びる」は上にのびるということ。

(2) **イ**　(3) **ア**

(4) ①W…見栄え　X…人に踏まれ

Z…胸のすく

②エ
(5)(例)句読点を用いていること。
(6)X…色　Y…山道

解説 (4)②人に踏まれても延びたり伸びたりしている雑草の生命力に、作者は「胸のすく思ひだ」と感動している。(5)句点「。」、読点「、」を用いているところに、この短歌の特徴がある。

33 仕上げテスト④

❶ (1)(例)曽参が留守で、もともと家も貧しいから。(19字)
(2)ウ　(3)ひろいいたる
(4)イ　(5)エ

❷ (1)イ　(2)①石
②(例)誠実で純粋な気持ちで行うと、常識的には不可能なことでも達成できるということ。(38字)

解説 ❶ (1)直前の「曽参は内にあらず……家貧しければ」が「かなはず」の理由である。(4)イの句の「児」は、曽参を指している。
❷ (2)②「至誠」の気持ちがあれば、不可能なことも可能になることを言っている。

現代語訳 ❶ A　曽参は、ある時、山中に薪を取りに行きました。母が留守番をしていたが、そこに親しい友人が来た。友人をもてなしたいと思ったものの、曽参は家におらず、もともと家も貧しかったので、できなかった。曽参に帰ってきてほしいと願い、母は、自分で自分の指を噛んだ。曽参は山で薪を拾っていたが、急に胸騒ぎがしたので、急いで家に帰ったところ、母はありのままをくわしく語りました。このように、指を噛んだことが、遠いところにいる曽参にとどいたのは、ひときわ親孝行で、親子の情が深い証拠《しょうこ》である。

❷ 李広はまた冥山の南側で狩りをした。また寝そべっている虎を見つけて射たところ、矢は羽根の部分まで深く突き刺さった。近寄ってこれを見たところ、それは何と石であった。その形は、虎に似ていた。いったん下がってさらに射ると、鏃がくだけ幹は折れたが石は傷つかなかった。
　私は、以前このことを揚子雲に尋《たず》ねた。子雲が言うには、「このうえなく誠実な心があれば、その時は金属や石のような硬《かた》いものでも、その誠実な心のために割れるものである。」と。